ORATÓRIA

GUIA PRÁTICO PARA FALAR EM PÚBLICO

RUZIA BARBOSA DOS SANTOS

ORATÓRIA

GUIA PRÁTICO PARA FALAR EM PÚBLICO

3ª Edição

Editora & Livraria Senac

Brasília-DF,
2023

SENAC • SERVIÇO NACIONAL DE APRENDIZAGEM COMERCIAL-DF

PRESIDENTE DO CONSELHO REGIONAL | José Aparecido da Costa Freire
DIRETORA REGIONAL INTERINA | Cíntia Gontijo de Rezende
DIRETORA DE EDUCAÇÃO PROFISSIONAL E TECNOLÓGICA SENAC - DF | Cíntia Gontijo de Rezende

EDITORA SENAC DISTRITO FEDERAL
COORDENAÇÃO EDITORIAL | Sandra Ferreira Gusmão

CONSELHO EDITORIAL | Vitor de Abreu Corrêa, Cíntia Gontijo de Rezende, Luis Afonso Bermudez
Luis Carlos Pires de Araújo, Sandra Ferreira Gusmão, Alexandre Chitarrelli Torres

NESTA EDIÇÃO
PROJETO GRÁFICO E CAPA | Gustavo Coelho e Paula Dias

DIAGRAMAÇÃO | Paula Dias

REVISÃO DE PROVA | Nair Ofuji

EQUIPE DA EDITORA | Sandra Gusmão, Nair Ofuji, Higo Dantas, Valdeir Gama

EDITORA SENAC DISTRITO FEDERAL
Centro Administrativo José Roberto Tadros
St. de Grandes Áreas Norte (SGAN) QD. 712/912 - Conjunto "E" - Asa Norte.
Brasília - DF, 70790-125 - Telefone: (61) 3771-9898
E-mail: editora@df.senac.br
Home page: df.senac.br/editora

Copyright © by Ruzia Barbosa dos Santos
Todos os direitos desta edição reservados à Editora SENAC-DF
Editora SENAC Distrito Federal, 2023

Dados Internacionais de Catalogação na Publicação (CIP)

S237o

Santos, Ruzia Barbosa dos.
Oratória: guia prático para falar em público / Ruzia Barbosa dos Santos. -3 Ed
Brasília: Editora Senac DF, 2023.
100 p.: il.; 16cm x 23cm

Inclui bibliografia.
ISBN: 978-85-62564-72-7

1. Oratória 2.Retórica 3.Conversação I. Título

CDU 808.51

Bibliotecária responsável: Raquel Cardoso Bentes CRB1/1845

AGRADECIMENTOS

A Deus por ter guiado os meus passos e oferecer-me esta oportunidade.

Aos meus filhos Júlio Chrystiano, Melissa, Léo e à minha sobrinha Vanessa pelo incentivo, apoio e grande colaboração que deram na "gestação" desta obra.

À Editora Senac por acreditar e confiar em minha capacidade, concretizando um sonho.

SUMÁRIO

Prefácio 9
Introdução 11
I. Retórica e Oratória 13
II. Eloquência 15
III. Comunicação 17
    Procure sempre levar em suas apresentações: 18
    Habilidades da comunicação 21
IV. Planejamento Psicológico 27
    Timidez 28
    Aprendendo a administrar o medo e a timidez 28
    Como romper barreiras, superar as dificuldades, e controlar o medo? 30
V. Domínio Teórico e Prático do Assunto 35
    Como estruturar uma apresentação oral 41
VI. Comunicação Não Verbal/ Comunicação Verbal 47
    Comunicação não verbal 47
    A importância da comunicação não verbal 48
    Aparência pessoal 49
    A oradora 49
    O orador 50
    Postura 50
    Os pés e as pernas 50
    Os braços e as mãos 51
    O tronco 52
    A cabeça 52
    Semblante 54
    A boca 54
    Voz 55

Dicção 57
Tom 59
Tom grave ou solene 59
Tom natural 60
Tom emocional 60
Respiração 62
Comunicação verbal 66
Fidelidade e ruido 66
Linguagem e vocabulário 67

VII. Fala de Improviso **75**

VIII. Discurso Manuscrito **79**
Algumas dicas que facilitarão a elaboração e a leitura do discurso 79
Roteiro de apresentação 80
Discurso parlamentar 81

IX. Recursos Audiovisuais **83**
Flip – chart (álbum seriado) 83
Quadro magnético (quadro branco) 84
Video / TV 84
Projetor multimidia (data-show) 84
Uso do microfone 85

X. Apresentação de um Orador **87**
Orientações importantes 87
Modelo de apresentação 89
Reuniões 90

XI. Orientações Finais: Procedimentos Apropriados **93**
Como proceder em determinadas situações de improviso 94

Bibliografia **99**

PREFÁCIO

Há profissionais, em geral, que têm necessidade de ministrar aulas e falar em público, ora como professores ou instrutores, ora como consultores, ou ainda como autoridades em alguma ação onde atuam.

No ato da comunicação eficiente, o resultado esperado é atender não só às expectativas do receptor, como também a sua compreensão da mensagem.

Indiscutivelmente falar em público não é uma tarefa simples. Por isso, em um dado momento da vida profissional, torna-se imperioso desenvolver essa habilidade e assim reinventar e refazer o percurso da comunicação, objetivando desenvolver competência nas relações e interações com o outro. Isto se torna mais importante quando voltamos a nossa atenção para o fato de que atualmente há um uso crescente de comunicação gestual, monossilábica, mímica, por interjeições, entre outras formas, que são impróprias principalmente para o mundo do trabalho.

Pois é isto que a autora propõe neste livro: **a arte de falar em público.**

Esta obra é o resultado positivo de ampla pesquisa e experiência desenvolvidas pela professora Ruzia Barbosa dos Santos, em várias instituições educacionais, principalmente no Serviço Nacional de Aprendizagem Comercial – Senac, no Distrito Federal, na preparação dos participantes, que buscam nos cursos de oratória a ferramenta ideal para enfrentar os desafios do mundo do trabalho. A autora, com inteligência, talento e sensibilidade, reuniu e organizou conteúdos importantes, ao longo de sua experiência, que agora oportunamente transforma em livro.

O conteúdo, de fácil assimilação, inicia pela arte da comunicação eficaz, o que despertará o leitor para o desenvolvimento da eloquência, aplicando os elementos essenciais da comunicação.

Finalizando, quero registrar que foi com grande orgulho que aceitei o convite para prefaciar este livro, pois me foi dada uma oportunidade ímpar para apresentar à professora Ruzia a minha admiração pelo seu trabalho.

Tomasina Canabrava
MsC em Ciência Política

INTRODUÇÃO

Há tempos que se considera importante a habilidade da comunicação. Comunicar-se é transmitir e receber ideias, envolvendo recursos físicos – fala, visão e audição, ou técnicos.

Na atualidade, a tecnologia vem dominando, com extrema velocidade, todos os cantos do mundo, em todas as áreas, trazendo inúmeras transformações e benefícios à humanidade, inclusive conduzindo mudanças no modo de pensar. Entretanto, contribui para um certo isolamento das pessoas, fazendo com que se relacionem menos pessoalmente. Um simples "bom dia!", às vezes, assusta. Muito embora estejamos inseridos em redes sociais e novos instrumentos tecnológicos, a comunicação oral tem poder, é uma "arma" imprescindível e continua evoluindo. É a forma mais clara do processo de comunicação.

Será que o fato de sermos ótimos no domínio técnico e na experiência profissional é suficiente para termos sucesso no processo da comunicação oral? A resposta é "não". É preciso saber se expressar bem, de forma eficaz, entusiasta e equilibrada, transmitindo confiança. Logo, não basta ter o conhecimento. É preciso ter a capacidade de passá-lo com objetividade, segurança, clareza, naturalidade e desenvoltura, de modo que o público se identifique com um orador que atente aos seus interesses.

Para que isso aconteça, é necessário seguir algumas regras básicas, que mostro nesta edição. O objetivo deste livro é, de uma forma prática e bem clara, expor estratégias que ajudarão a administrar o medo de falar em público, além de transmitir orientações fundamentais que ajudarão a conduzir reuniões com eficiência, preparar palestras, apresentar-se com precisão para qualquer grupo, em várias situações, desenvolvendo o seu potencial, para que a sua apresentação em público deixe de ser desgastante e passe a ser agradável, ultrapassando as barreiras do medo.

I. RETÓRICA E ORATÓRIA

Retórica, na Antiguidade, representava "falar a verdade". Em um sentido menos restrito, era o conjunto de regras teóricas que orientavam a exploração de todos os recursos da linguagem, para influenciar e convencer o público, persuadindo por meio de técnicas eloquentes, direcionando o interesse das pessoas para o orador e a sua fala. O orador discursava sem considerar o ouvinte. Falava-se em público frequentemente em cansativos e obscuros discursos.

> "Retórica é a faculdade de considerar, para cada questão, o que pode ser apropriado para persuadir."
>
> (Aristóteles, do livro Rhétorique)

Essa arte teve seu berço na Grécia (Atenas), no século IV a.C., no auge de uma política democrática quando o cidadão tinha que defender seus direitos e, nesse momento, era de fundamental importância dominar as técnicas da persuasão, visando às praticas de julgar, agir e falar.

Aristóteles, um dos mais importantes filósofos da Antiguidade, sobressaiu no campo da retórica ao escrever a Arte da Retórica, uma obra composta por três volumes, que contempla alguns pontos importantes no ato de falar em público, como: a forma de argumentação do orador, os aspectos emocionais e o estilo e partes do discurso. Essa obra contém a base da oratória. Mesmo sendo grande conhecedor da Retórica e da Oratória, Aristóteles não foi um orador e sim um grande estudioso do assunto, pois nunca proferiu um só discurso.

Demóstenes foi considerado o maior orador da Grécia, após superar as barreiras que a vida impusera-lhe. Venceu as dificuldades na respiração, na articulação das palavras e em suas atitudes corporais impróprias. Isolou-se das pessoas e montou um plano para alcançar seu objetivo. Dedicou-se a corridas diárias para administrar melhor sua capacidade pulmonar; exercitou a dicção, colocando pequenas pedras na boca, procurando pronunciar as palavras de forma correta e, para corrigir um cacoete relativo à sua postura, fixou uma espada em um ponto elevado, com a ponta voltada para a altura do ombro. Sempre que movimentava o ombro para cima, a ponta da espada feria-o, contendo esse movimento inadequado. Assim, com muita constância, transformou-se no maior orador da Grécia, tornando-se um exemplo de determinação e força de vontade.

Cícero foi o maior destaque na oratória, em Roma. Ainda que considerado um orador perfeito, um excelente escritor e um homem de inteligência invejável, ele não tinha caráter. Era uma pessoa arrogante, muito prepotente e inescrupulosa politicamente. Foi condenado à morte pelos opositores políticos. Ao morrer teve sua cabeça e suas mãos decepadas e expostas ao povo no fórum romano.

Quintiliano destacou-se em Roma, ao reunir todo seu conhecimento sobre oratória na obra Instituições Oratórias, considerada a maior fonte de consulta, até hoje, sobre o assunto. (12 volumes)

ORATÓRIA = "Orator fit" (Horácio) = O orador se faz

Um conceito: A arte de usar a palavra com persuasão, por meio de regras e técnicas que atraem a atenção do ouvinte.

Definições: Trata-se de um método de discurso; é a arte de como falar em público; é o conjunto de regras e técnicas que permite apurar as qualidades pessoais de quem se destina a falar em público. (Wikipédia)

Atualmente Oratória e Retórica estão associadas à capacidade de expressar-se com desenvoltura, isto é, à eloquência. Fale de uma forma mais natural, concisa e objetiva, utilizando recursos que contribuam para uma apresentação mais clara e convincente.

ARISTÓTELES

DEMÓSTENES

CÍCERO

QUINTILIANO

II. ELOQUÊNCIA

É o fator indispensável para uma boa oratória.

Constitui na capacidade de convencer, por meio de palavras, postura e gestos adequados. Dessa forma, enquanto as palavras esclarecem o assunto que se expõe, a postura e os gestos dão vida à ideia que se quer passar.

Ser eloquente é persuadir as pessoas a aceitarem seu discurso e a acolher sua opinião, praticando seus ensinamentos e seguindo suas orientações. Entre as características da eloquência, destacam-se as seguintes:

- **Naturalidade** – Seja você mesmo. Procure aperfeiçoar-se na arte de falar em público, melhorando o seu desempenho, mas não passe para as pessoas uma imagem "produzida", escolhendo palavras complicadas e analisando os gestos que irá fazer. Esses comportamentos refletirão um conjunto de condições inadequadas para um relacionamento amistoso com seu público. Isso parecerá artificial e criará uma barreira entre você e seus ouvintes, fazendo com que não confiem em suas palavras. O importante neste tópico é ser; não, parecer. Fale de modo natural, sem exageros, como se estivesse em um "bate-papo", sem utilizar termos difíceis. Use a naturalidade e o entusiasmo!

- **Entusiasmo** – É a mola que propulsiona as palavras, dando mais vida a sua apresentação. Fale de uma forma animadora, com determinação, alterando a entonação da voz. Provoque interesse, dando vida às suas palavras. Isso contribuirá para prender a atenção dos seus ouvintes. Um comportamento desanimado e indiferente provocará imediatamente o desinteresse por sua apresentação. Use a naturalidade, o entusiasmo e mostre que tem conhecimento!

- **Conhecimento** – É fundamental que o orador conheça muito bem o conteúdo que irá falar. Logo, só fale de um assunto se o dominar. Falar sem conhecer é "fria". Também é necessário ter uma cultura geral, ser uma pessoa atualizada. Uma dica é separar um tempinho para dedicar-se à leitura. Ler abre novos horizontes, tornando-o mais consciente e reflexivo. Mostre que tem não só domínio do assunto que fala, como também de fatos do cotidiano. Saiba sempre um pouco mais sobre o assunto que irá falar. Use a naturalidade, o entusiasmo, mostre que tem conhecimento e demonstre **sinceridade**!

- **Sinceridade** – A fala, os gestos, as posturas e a voz têm de estar sincronizados. Um orador eloquente comporta-se exatamente da forma como prega as suas ideias e os ensinamentos que transmite. Ser sincero também é não responder o que não souber, pois pode incorrer em erro, e será uma situação desagradável se alguém descobrir sua falha. Use a naturalidade, o entusiasmo, mostre que tem conhecimento, demonstre sinceridade e arme-se de **coragem**!

- **Coragem** – Enfrente os seus ouvintes como um grupo de amigos. Fale com eles e não para eles. Derrube as barreiras da timidez e da inibição, acreditando no seu potencial. Saia da área de conformismo e passividade e aproveite todas as oportunidades que surgirem para falar em público. Inicie já as mudanças, **usando a naturalidade, o entusiasmo, provando que tem conhecimento, sendo sincero e armando-se de coragem!**

III. COMUNICAÇÃO

> "Alô, alô, marciano
> Aqui quem fala é da Terra
> Pra variar estamos em guerra/
> Você não imagina a loucura
> O ser humano tá na maior fissura porque..."
> (RITA LEE E ROBERTO DE CARVALHO)

Desde os primórdios da evolução humana até os dias atuais, a comunicação ocupa um importante papel na relação entre as sociedades. Muitas pessoas, usando o poder da comunicação, conseguiram não só mudar os seus destinos, como também mudar o destino de algumas nações. Falar bem é uma ferramenta fundamental para resolver problemas e realizar negócios. Um dos ideais da comunicação do ser humano é ter a capacidade de se expressar em público. O poder de saber se comunicar bem faz a diferença: elege, prende, promove, destaca, informa etc. É essencial usar a linguagem oral com precisão. Em um grupo, o indivíduo que melhor usa as habilidades da comunicação se torna um líder. Isso faz a diferença entre o vencedor e o vencido.

Antigamente falar bem era exclusividade de políticos, filósofos, juristas e religiosos. Hoje o processo da comunicação está presente nas mais diversas circunstâncias que a vida impõe. Com o avanço tecnológico, pode-se contar com técnicas modernas que auxiliam o orador em sua explanação verbal.

Entretanto, para se ter sucesso, é necessária uma comunicação eficiente, isto é, a comunicação é avaliada pela informação que é compreendida e não pela quantidade de informação que se transmite, pois comunicar é manter a conexão entre as pessoas. Essa eficácia só será alcançada quando o comunicador usar a empatia, ou seja, um comportamento humano que tem como característica se colocar no lugar do outro, para criar um melhor entendimento. Sem empatia, fica difícil o diálogo.

O ideal para qualquer orador, ao ficar perante um público, é levantar-se e começar imediatamente um discurso eloquente, arrebatador, transmitindo a mensagem naturalmente e com a certeza de ser persuasivo. Porém, para que seja dessa forma, é preciso que haja preparação, muito trabalho e fundamentalmente disciplina e organização. O treino e a prática é que darão experiência e desenvoltura ao orador.

Quem quer ser um bom orador, deve desenvolver algumas habilidades no seu dia a dia, para aperfeiçoar a comunicação oral:

a) **Gramática**

Linguagem – É praticamente impossível ser um bom orador - "comunicador", se não dominar a nossa língua. A gramática deve ser obedecida e o vocabulário preciso.

b) **Domínio**

Conteúdo – É imprescindível o domínio total do assunto. Quanto mais conhecimento, maior a segurança. Isso vai fazer com que fique mais confortável e sinta-se confiante, o que será refletido em seus gestos e postura.

c) **Preparação da apresentação**

Estrutura Lógica – Selecione e organize as ideias de maneira lógica, coerente e coesa, buscando argumentos relevantes. Procure ligar harmoniosamente as informações, articulando bem as ideias. Evite fragmentá-las.

PROCURE SEMPRE LEVAR EM SUAS APRESENTAÇÕES:

- **Um estilo bem pessoal:** não tente imitar ninguém. Seja naturalmente você. Movimente-se com espontaneidade e elegância.

- **Um semblante simpático:** sorria, pois as pessoas que sorriem conseguem favoravelmente a aproximação dos ouvintes à sua apresentação.

- **Bom humor:** não se deixe irritar facilmente. Irritar-se com provocações pode ser pior. Mantenha a calma e o equilíbrio. Seja tolerante com o seu público. Só interfira nas observações inconvenientes de algum ouvinte, quando essa agressão ferir o seu lado moral. Caso contrário, ouça sem interferir, espere o ouvinte terminar e dê continuidade à sua apresentação. Tenha uma postura sempre elegante. Caso você entre em conflito com o público, poderá mudar o seu papel de vítima para o de réu e aí a plateia voltar-se contra você.

- **Presença de espírito:** ria e brinque com suas falhas. Os melhores apresentadores e artistas utilizam-se desse recurso. Experimente!

- **Energia:** uma apresentação feita com entusiasmo provoca interesse no público e dá mais vida às suas ideias. Utilize o tom certo para cada palavra que proferir. Você deve ser a primeira pessoa a mostrar interesse pelo assunto. Use as características da eloquência.

- **Persuasão:** faça com que as pessoas acreditem ou aceitem a sua ideia.

- **Ordenação de ideias:** organize a sua fala com começo, meio e fim, dentro de uma sequência lógica de ideias.

- **Assunto:** Procure sempre expor um assunto que você compreenda bem e que goste. Esse é um dos principais alicerces de uma apresentação de sucesso.

- **Contato visual:** Lembre-se: O contato visual é importante, pois prende a atenção das pessoas e demonstra a sua segurança.

- **Exemplo:** Sempre que houver oportunidade, exemplifique sua ideia. Leve exemplos que ajudem a criar uma imagem do pensamento que você quer transmitir.

- **Equilíbrio:** Vigie-se sempre para manter o equilíbrio entre o que você fala e a forma como você transmite a mensagem. Isso quer dizer que sua voz, sua postura, seus gestos e expressões faciais devem estar harmoniosos e com naturalidade.

Conquiste a simpatia do seu público explorando o que você tem de melhor!

Exercício nº 1

FALA PLANEJADA

- **Objetivos:**

    Sentir-se mais à vontade falando de um assunto que conhece bem.

    Identificar o seu estilo de fala.

    Identificar aspectos que necessitem de reforço e correção.

- **Tempo:**

    Três minutos. (apresentação)

- **Atividade:**

    Só fale em público quando dominar o assunto. Como você é o tema da apresentação, ficará fácil realizar esta atividade. Escolha alguns tópicos que considere interessantes na sua vida e que esclareçam quem você é e o que se relaciona a você como indivíduo. Por exemplo: local de nascimento, características psicológicas, formação escolar, família, trabalho, o que mais irrita, o que mais adora, algum "hobby", suas aspirações etc. Esse assunto você domina e isso certamente aumentará sua autoconfiança. Fale como se estivesse conversando com pessoas amigas.

- **Elaborando a fala:**

    1. Sua fala tem que ter abertura, meio e conclusão.
    2. Crie uma abertura interessante, relacionada ao tema, como, por exemplo, uma pergunta ou uma citação. Isso chamará a atenção dos seus ouvintes.
    3. Defina o que é relevante informar. Selecione três ou quatro pontos que sejam significativos e explore-os, desenvolvendo assim o meio da sua apresentação.
    4. Planeje como será a sua conclusão, resumindo-a em uma frase que fechará as ideias expostas.

Agora treine bastante em frente a um espelho. Se for possível, grave a sua apresentação para observar em que precisa melhorar.

HABILIDADES DA COMUNICAÇÃO

As habilidades básicas da Comunicação são: ouvir, falar, escrever e ler. Três dessas habilidades nós aprendemos – falar, escrever e ler. Porém, só nascemos com uma: a habilidade de ouvir.

OUVIR

Esta qualidade distintiva é adquirida, sem qualquer tipo de ajuda para desenvolvê-la, pois nascemos com ela. Já as outras foram aprendidas.

Saber ouvir é uma característica indispensável para o sucesso. Além de um talento, é uma fonte reveladora de novos horizontes. Ouvir com plena eficácia é dar a sua completa atenção e compreensão a quem fala, interpretando os símbolos verbais e não verbais do processo da comunicação. Antes de ser um orador bem sucedido é importante que se seja um bom ouvinte, pois ao ouvir as pessoas, demonstrando interesse, provavelmente elas darão igual atenção à sua fala.

Muitas razões fazem as pessoas nos ouvirem. Entre elas, podemos destacar as seguintes:

- Respeito pela pessoa do outro que fala.
- Anseio em saber e participar da história alheia.
- Desejo de obter novas informações, ou acrescentar mais ao que se sabe.
- Probabilidade em receber uma resposta.
- Desejo de ampliar seu horizonte com novos conhecimentos.

Entretanto, algumas razões nos impedem de sermos ouvintes eficazes. A chamada "audição seletiva" é uma delas. Ao utilizarmos esse tipo de audição, desprezamos o que não nos parece ser importante e filtramos só o que queremos ouvir. O tom inadequado e falta de ênfase na fala podem ser uma causa. O orador que faz de sua fala uma "arma", para persuadir alguém, tem que a usar para comandar e controlar a atenção do público.

Segundo John W. Osborne, em seu livro Aprenda a falar bem e impulsione sua carreira, há uma diferença entre o ritmo da fala e o ritmo do pensamento. Ele relata: " O ritmo normal da fala está entre 140 e 185 palavras por minuto. Como o cérebro humano pode absorver informação com até oitocentas palavras por minuto, a plateia fica pensando o que dizer." Podemos concluir que o pensamento é mais rápido do que a fala. E nesse espaço de tempo em que aguardamos a pessoa que fala terminar, em que pensamos? Em muitas coisas.

Nessa lacuna de tempo perdemos muito do que foi falado, divagando, sonhando acordados. Quem fala tem que estar com a atenção dos ouvintes sob seu comando.

O fato de as pessoas estarem nos assistindo não representa que estejam prestando atenção em nossa fala. Pensemos no número de vezes em que nos desligamos e "viajamos" mentalmente durante uma palestra. Isso é normal, porém podemos mudar esse quadro. Existem algumas situações que se transformam em verdadeiras barreiras para o ouvinte, desviando-o do foco de uma apresentação. Veja alguns exemplos de obstáculos que podem atrapalhar o processo de comunicação eficaz e evite-os:

- **Frases da moda ou clichês** – Usar esses tipos de expressões é mostrar que não se tem criatividade. O público perde o interesse. Ex.: "É uma coisa tipo assim...", "Mais vale um pássaro na mão..."

- **Neologismo** – O próprio nome já diz tudo: palavra nova ou novo sentido à palavra já existente. Nossa Língua é muito rica. Para que inventar novos vocábulos? Isso pode dificultar o entendimento do ouvinte, pois nem todas as pessoas podem ter conhecimento do significado da palavra. Ex.: "Como querer 'caetanear' o que há de bom" (Djavan); "Vamos 'oportunizar'..."

- **Jargão técnico e abreviação** – Temos que tomar cuidado com as palavras que utilizamos, pois, se é um termo que as pessoas não entendem, criará um ruído na comunicação e elas irão se desinteressar pela sua fala nesse ponto. Quando o público é heterogêneo, faz-se necessário, tão logo se mencione o termo técnico ou a abreviação, dizer o seu significado em seguida. Ex.: A ANA – Agência Nacional de Águas – fiscalizará as represas desse município, com a supervisão do MMA – Ministério do Meio Ambiente. Ex.: Nosso escritório usa uma "banda larga", que gera maior velocidade para acessar a "internet".

- **Não enxergar a pessoa que fala** – Evite perder o ouvinte de sua visão. Procure sempre olhar todas as pessoas, ou olhar para todas as direções. Se o ouvinte não está vendo o palestrante, deduz-se que também não o está ouvindo. Não ver, em algumas vezes, significa não ouvir. Crie um elo entre você e seu público, por meio do olhar.

- **Bengalas ou vícios de linguagem** - São expressões emitidas repetidas vezes, que não dizem absolutamente nada, e só servem para preencher uma lacuna antes da fala. Por exemplo: "né?", "bem", "entendeu?", "ok?", "humm", "hã", "então", "certo?", "tá?", "ah!" etc. Para melhorar, faça pausas a fim de organizar suas ideias, em silêncio, mentalmente.

- **Significados diferentes para a mesma palavra** – Isso confunde a cabeça do ouvinte, causando ideia ambígua. Você diz uma coisa, porém a pessoa entende outra. Com isso, você perde seu ouvinte porque continua a sua fala, e o ouvinte pega um desvio para outro lado.Ex.:"Seria interessante observar a instalação[1] desta sala, para saber se é adequada."

- **Distrações físicas** – Tudo que chamar a atenção do público e possa tirar a sua concentração é uma distração física. Por exemplo, roupas muito coloridas e com muito brilho; pulseiras ruidosas; imagens que tragam lembranças; excesso de informações visuais; gestos aleatórios à fala; sons insistentes etc.

- **Repetição de palavras e frases (prolixidade)** – Isso pode impedir que se ouça a mensagem com eficiência. O público sabe quando se está enrolando. O bom orador é conciso: fala muito em poucas palavras.

- **Falta de planejamento adequado** – Sem planejamento não haverá resultado positivo em sua apresentação, comprometendo seu desempenho, o que ficará claro logo no inicio de sua fala. Prepare-se, reservando um tempo para organizar ideias coerentes ao tema e ao público, elaborando "slides" que não só enriquecerão sua apresentação, como também ajudarão a conduzir sua exposição.

FALAR

Fale com as pessoas e não para as pessoas.

O sucesso da compreensão do ouvinte está estritamente ligado à habilidade considerada de maior importância na comunicação: A fala.

Se quem estiver falando não souber usar bem a Língua e os seus recursos, não será convincente. Logo, não terá sucesso. O ato de falar, algo que fazemos quase todo tempo, é talvez uma das maiores habilidades de que o ser humano dispõe para conviver em sociedade. Falar não é só deixar os sons das palavras saírem passivamente. É ter a sensibilidade de usar adequadamente a voz, escolher bem as palavras, o tom e o ritmo certos para a ocasião, além de sincronizar a linguagem corporal com a fala.

A arte de falar em público muito se alterou com o tempo. Antigamente falar em público exigia um tom de voz poderoso para ser ouvido com clareza. Hoje não há mais uma preocupação com a intensidade da voz. Seu tom é simples e o microfone se incumbe de multiplicar o seu alcance. Usar a fala em público é uma habilidade que interage com o ouvinte,

---

[1] A palavra instalação tem vários significados

pois passou a ser uma ferramenta fundamental para resolver problemas, realizar negócios e passar informações entre outras coisas.

As boas ideias, muitas vezes, ficam só no papel, devido às dificuldades em se expor oralmente. Você tem que encontrar as palavras certas. O mercado está, a cada dia, mais exigente. Expressar ideias de maneira clara, objetiva e concisa, conhecer seu público, dominar o assunto e a língua são fatores fundamentais para o sucesso.

Existem alguns aspectos básicos para se ter uma boa comunicação, que contribuem para atrair o ouvinte e conquistar a sua atenção. Entre eles, destacam-se:

- **Determinação** – Fixe e alcance objetivos. Seja determinado ao dar o seu recado com precisão, sem rodeios, usando um vocabulário adequado e rico (muita leitura irá contribuir para esse enriquecimento).

- **Conhecimento** – Quando se tem domínio do assunto, as palavras fluem com mais naturalidade, dando-nos autoconfiança e passando uma imagem de credibilidade ao público. Estude bastante sobre o que vai falar.

- **Criatividade** – Saiba dar vida a sua exposição oral, para despertar o interesse das pessoas. Quantas vezes já ouvimos a mesma história, porém contada de formas diferentes? Dê um toque pessoal à sua apresentação.

- **Síntese** – Tenha a capacidade de dar o seu recado com precisão e objetividade. Fale só o que for preciso. Fuja da prolixidade.

- **Vocabulário** – Deve ser rico. Utilize-o adequadamente, adaptando ao seu público. Para isso, leia muito, pois o hábito da leitura enriquece, aumenta o número de palavras de seu vocabulário. Leia um pouco de tudo: revistas, livros, textos jornalísticos etc. Quando desconhecer a palavra, pesquise seu significado em um dicionário e crie frases com ela, para uma melhor fixação. Em seu ambiente de trabalho, contextualize o seu vocabulário à cultura organizacional.

- **Eloquência** - Convença a quem ouve a sua apresentação de que está falando a verdade e que está sendo sincero. Você é eloquente quando acreditam em você e aceitam o seu ponto de vista.

- **Habilidade** – Adapte o que irá falar à expectativa da plateia. Descubra quem é o seu público e use a empatia. Procure saber seus interesses, suas aspirações e traços culturais. Isso criará uma aproximação entre emissor e receptor.

- **Voz** – Dê vida à sua voz. Ajudará no sucesso da apresentação, além de mostrar a personalidade de quem fala. Varie o tom de acordo com cada momento.

Assim evitará cair na monotonia. A entonação é a musicalidade da linguagem, representando a cadência harmoniosa da fala do orador. Varie o ritmo de sua voz, falando pausadamente os tópicos mais importantes, que servirão para a plateia refletir.

- **Postura** – Use o corpo adequadamente, mantendo-se de forma natural e impecável. Posturas impróprias podem interferir negativamente na sua apresentação.

- **Desenvoltura** – Vença a timidez e reconheça que é capaz.

O sucesso no ato de falar em público
depende de duas medidas de ação:

Planejamento Psicológico = Acredite em você

Planejamento Técnico = Sinta-se preparado

IV. PLANEJAMENTO PSICOLÓGICO

> "Nunca tenha medo de tentar algo novo. Lembre-se de que um amador solitário construiu a Arca. Um grande grupo de profissionais construiu o Titanic."
> (Luís Fernando Veríssimo)

Algumas pessoas quando são convidadas a falar em público fazem-no com a maior desenvoltura, desafiando diversas situações e mantendo a calma e uma comunicação eficaz com seu público. Dão a impressão de que nasceram com a qualidade da eloquência, pois são persuasivas e têm uma oratória que conquista a atenção de quem os ouve.

Porém, isso não é tão comum de acontecer. Muitos, por confiarem plenamente em sua memória, por acharem desnecessário ou até mesmo por comodismo, não dão atenção ao processo de preparação e planejamento, deixando para elaborar sua apresentação em cima da hora. Como consequência, são dominados pelo nervosismo e pela insegurança gerados pela falta de preparo e treino, fazendo com que suas ideias apresentem-se confusas, sem coerência e sem objetividade.

Na maioria das vezes, ao serem convidadas a proferir uma apresentação em público, muitas pessoas sentem um certo temor, que ofusca o seu lado racional, obscurecendo o entendimento de sua mensagem. Essa emoção negativa gera um processo que desencadeia uma série de reações físicas, perturbando o mecanismo psicoverbal, embargando a voz, apresentando uma postura rígida e consequentemente criando barreiras que impedem o desenvolvimento de suas ações. Isso tudo é o resultado da soma de vários "medos" que interagem em suas mentes e, que em muitos casos, resume-se no medo de si mesmas.

É normal sentirmos uma certa insegurança sempre que vamos fazer algo pela primeira vez, porque o nervosismo pode bloquear algumas de nossas ações cerebrais, o que impedirá um raciocínio de forma lógica. Porém, quanto mais pesquisarmos sobre o assunto e treinarmos, sentiremos mais segurança e calma, pois a prática nos ajuda a aprimorar a técnica, e o treinamento e a dedicação pessoal, aliados à busca de novos conhecimentos, contribuirão para o sucesso de sua apresentação.

TIMIDEZ

É um processo psicológico que provoca uma sensação de desconforto, um sentimento de insegurança, enfraquecendo o ser humano e impedindo sua exposição em situações públicas ou sociais. Isso, com certeza, dificulta o desenvolvimento da comunicação oral.

Como vencer a timidez?

Simples assim: Exponha-se! Pouco a pouco, aproveitando as oportunidades do seu dia a dia, quer sejam no ambiente de trabalho ou em seu meio social, saia de sua zona de conforto, eliminando os obstáculos que impedem sua atuação..

APRENDENDO A ADMINISTRAR O MEDO E A TIMIDEZ

O que é o medo?

É um meio de defesa que o ser humano tem para preservar-se daquilo que acredita ser uma ameaça de perigo. O medo é uma emoção saudável que está presente em todos nós. É um estado de ansiedade fundamentada ou irracional. É normal ter medo.

Em algumas pessoas, essa emoção torna-se irracional e nociva, transformando-se em algo muito mais forte do que elas mesmas, impedindo-as de sair para novas descobertas, aprisionadas em suas crenças.

Em 1996, foi publicado na revista "Newsweek" o resultado de uma pesquisa feita com mais de dois mil norte-americanos economicamente bem-sucedidos, para descobrir quais as suas preferências e quais os seus medos. O resultado foi que 88% dos entrevistados responderam que seu maior medo era o de falar em público, ao passo que somente 41% responderam que seu maior medo era da morte. Esses dados nos mostram que ter medo é natural. O que se precisa fazer é trabalhar esse sentimento de forma consciente, administrando as tensões e os pensamentos.

Mas por que sentimos medo de falar em público? A resposta é bem simples: porque uma experiência nova e desconhecida geralmente nos intimida, provocando uma sensação de perigo. Ficamos sem saber como agir e acabamos não confiando em nós mesmos, receando não realizar a tarefa a contento, o que vem a gerar o medo de cair em ridículo, o medo de dar um vexame, o medo de enfrentar o público, o medo do julgamento etc.

Se não enfrentarmos esse "vilão", que é o medo, limitaremos a nossa capacidade criativa e ficaremos estacionados na insegurança. Para isso, precisamos superar obstáculos, ultrapassar limites e romper barreiras, preparando-nos mental e tecnicamente.

Temos uma arma muito poderosa, que ajuda no planejamento psicológico. É a nossa mente. Vamos associar a mente a um barquinho, deslizando em um lago. Se eu ligar as turbinas e direcionar corretamente o leme, com certeza o barquinho irá aonde eu o levar. Entretanto, se não tiver o comando da direção, dificilmente chegarei ao meu destino. Ou seja, não há um caminho a percorrer, para quem não sabe aonde quer ir. Ligue a sua embarcação na direção certa. Pense certo. Coloque coisas boas na mente.

Nossa mente funciona conforme nosso comando. Muitas vezes podemos transformar uma realidade mental em uma realidade física, pois nós somos produto daquilo que criamos e acreditamos ser. Se eu pensar que serei um vencedor, provavelmente terei sucesso, bem como se acreditar que serei um fracassado, já estou me preparando para a derrota.

Quantas vezes já ouvimos algumas pessoas falarem assim: "Não adianta eu estudar, porque na hora vai dar um branco e vou esquecer tudo." Pronto. Essa pessoa acabou de se programar negativamente para o branco e para o esquecimento. Há também casos de artistas e cantores famosos que confessam sentir insegurança no momento de suas apresentações, mesmo constantemente se expondo em público. É preciso programar-se para transformar as fraquezas em força e principalmente ter coragem para mudar.

Podemos contornar perfeitamente essa ansiedade se nos prepararmos de forma conveniente, aceitando a ideia de que todas as pessoas que se dispõem a falar em público não estão livres dessa sensação ameaçadora.

A professora e consultora Eunice Mendes, em seu livro Falar em Público — Prazer ou Ameaça, lista quais são os motivos que levam as pessoas a fazerem uma programação mental negativa. Eis alguns: indisciplina, amadorismo, falta de planejamento, insegurança, despreparo intelectual, desmotivação, timidez, autoimagem negativa, entre outros fatores. Ela escreve que "Essas influências sobre o que somos e o que parecemos ser constituem o fundamento do sentido de pertinência ou de inadequação, de bem-estar ou de desconforto pessoal. Somos responsáveis por isso...". Portanto, é fundamental o controle emocional e domínio do assunto.

Mesmo tendo muita prática e desembaraço para falar em público, quando eu faço palestras ou mesmo quando eu inicio um novo curso, sinto o desconforto do nervosismo: o coração dispara, começo a suar nas mãos e testa e, algumas vezes, fico até com as faces enrubescidas. Porém, não permito que essa fase de nervosismo inicial exerça influência sobre o meu estado emocional e consequentemente sobre o meu desempenho. Sei que isso é uma reação normal, indicando que estou me preparando para entrar em ação, numa atividade prática, concreta e real, contrastando-se com a sensação de ameaça e passividade. Entendo esses sintomas de mal-estar como uma linguagem psicológica, preparando-me para desafiar uma situação desconhecida. Sinto medo de não acertar, porém sei que errar é uma característica do ser humano e passo a encarar o meu público como um grupo de amigos que estão ali para me ouvir, incentivar e prestigiar. Com isso, sigo em frente confiante e segura!

> Não é só a arma que dá a vitória a um vencedor, mas também a vontade de vencer.

COMO ROMPER BARREIRAS, SUPERAR AS DIFICULDADES, E CONTROLAR O MEDO?

No decorrer de nossa vida, surgem muitas oportunidades para treinar o ato de falar em público, tais como: cultos religiosos, leituras em sala de aula, "discursar" em festas familiares, reuniões de trabalho ou associações, congressos, seminários e encontros em várias áreas. São atividades que criam oportunidades no desenvolvimento da comunicação oral.

Procure fazer uma autoanálise, refletindo sobre os seus relacionamentos interpessoais, sobre como você age na sociedade em que vive e a forma como planeja seus pensamentos e suas ações. Desenvolva suas habilidades psicológicas reprogramando seu modo de pensar e agir, ficando assim com o controle da situação. Acredite que essa preparação mental pode ser uma das chaves mais importantes para a mudança no processo dinâmico de falar em público. Mude sua opinião sobre você.

Muitas pessoas não conseguem superar as barreiras da timidez e controlar o medo, ou por sentirem-se incapazes ou pelo fato de estarem fazendo algo novo. Enfrentar o medo é uma solução. Conhecer o desconhecido é como descerrar uma cortina e enxergar através do vidro de uma janela. É preciso vencer esse "fantasma". Quando essas pessoas ficarem diante de seu medo, puderem identificá-lo e adotarem uma atitude determinada ele se dissipará, tornando-as mais potentes e seguras. Se deixarem o medo dominá-las, a sua criatividade ficará limitada e permanecerão na insegurança.

Na maioria das vezes, as respostas que queremos ouvir para administrar racionalmente o medo estão dentro de nós mesmos. É necessário vê-las, senti-las e ter força de vontade para mudar conscientemente nossas atitudes.

Aguarde os seus "cinco minutos inicias" passarem, evitando ter pensamentos negativos, controlando a sua respiração, estando certo de que as pessoas não estão ali para julgar a sua apresentação. Veja o seu público como um grupo de amigos. Agradeça às pessoas que lhe convidaram, faça algum comentário espirituoso sobre o orador anterior, para quebrar o clima tenso, mantendo uma postura triunfante. Caminhe, olhe seu público e veja-se vencedor.

O que existe, na realidade, são vários "medos" interligados, como o medo de se sentir avaliado, o medo de ser o centro das atenções, o medo de "o que vão pensar de mim?", o medo de errar, o medo do esquecimento, entre muitos outros. Primeiro identifique qual é o seu medo e, a partir disso, trace um plano para administrá-lo, com procedimentos a serem executados.

Leve sempre uma história, um fato ou conjunto de fatos que tenham ligação com o tema a ser abordado, pois, se o nervosismo gerar um branco no meio de sua apresentação, você terá tempo para recompor-se, lembrar do assunto e prosseguir.

Para alcançar a finalidade de controlar o medo, utilizando o intelecto para dominar a emoção, tome como linha básica as seguintes metas:

- Enfrente-o. Tenha coragem, pois o medo é um processo natural. Aceite as suas limitações sem ficar no comodismo. Gradativamente rompa as barreiras.

- Tenha controle sobre seu emocional. Não deixe o nervosismo dominar a situação. Supere seus limites e aprenda a controlar-se. Acreditando no seu potencial, estará se libertando de um sentimento negativo e reformulando seu quadro mental. Controle a sua respiração e concentre-se em ideias positivas.

- Vigie a sua postura. O nosso corpo "fala". Ele passa uma série de informações quando estamos nos comunicando. Observe que imagem está passando para as pessoas. Tenha uma postura ereta, mantendo os ombros abertos, a cabeça erguida e um semblante sereno. Tudo com muita naturalidade.

- Tenha domínio teórico do assunto e leve um roteiro para seguir.

- Atente para os vícios de linguagem. Grave e ouça a sua fala. Descubra seus vícios e procure eliminá-los.

- Tenha autoconfiança. Veja-se como uma pessoa vencedora, equilibrada e sensata que acredita em sua capacidade. Ponha pensamentos bons na mente.

- Aproveite as chances. Acostume-se a falar para outras pessoas. Sempre que houver uma circunstância favorável, use a fala em público. Pode ser um brinde a alguém, um discurso de boas-vindas, uma leitura religiosa. O que importa é o seu crescimento pessoal. Enfim, ouse e vença!

Um dos grandes segredos de falar bem e com segurança é a disciplina, aliada à organização. Tenha desejos de mudança e mude realmente, desenvolvendo a sua capacidade de falar em público. Participe de atividades que obriguem a fazer novas amizades como cantar em um coral, fazer um curso de língua estrangeira, fazer parte de associações, participar de simpósios, estudar teatro etc. Assim descobrirá que há pessoas que tinham bloqueios e agiam como você, entretanto hoje se tornaram dinâmicas. No mundo competitivo em que vivemos, até para concorrer a um cargo, a desenvoltura pessoal frequentemente é avaliada. A forma como o indivíduo usa as linguagens verbal e não verbal e a destreza em se comunicar são pontos determinantes e registram um diferencial importante que influenciará em uma escolha.

"Rompi tratados, traí os ritos
Quebrei a lança, lancei no espaço
Um grito, um desabafo
E o que me importa é não estar vencido..."

(SANGUE LATINO – JOÃO RICARDO
E PAULINHO MENDONÇA)

Exercício nº 2

ROMPENDO BARREIRAS – APRESENTAÇÃO ORAL

- **Objetivos:**

Programar-se para, a partir de agora, ter sempre uma atitude mental positiva, visualizando o triunfo.

Apresentar-se em público, com controle emocional e domínio do assunto.

- **Tempo: (apresentação)**

3 minutos

- **Atividades:**

1. Reúna algumas pessoas amigas e apresente para elas oralmente a sua fala planejada no exercício nº 1, observando as características da eloquência.

2. Aproveite todas as oportunidades que tiver para usar a fala em público.

V. DOMÍNIO TEÓRICO E PRÁTICO DO ASSUNTO

"Além das ondas eu vou viajar
No mar bravio não consigo parar
Só Deus sabe o quanto eu planejei
Estou tranquilo como eu quero ser
O mundo é bom, também me faz viver..."

(CIDADE NEGRA)

Neste tópico será abordado um assunto fundamental deste livro. São informações que servirão de alicerce para a sua apresentação e irão contribuir para o aprimoramento do processo de uma comunicação eficaz.

Algumas pessoas provavelmente já passaram pela experiência de serem convidadas a se apresentar em público, porém sentiram-se perdidas sem saber exatamente qual seria o ponto de partida, embora tivessem conhecimento do assunto. É comum eu ouvir dos meus alunos a seguinte queixa: "Eu tenho domínio do assunto, mas, na hora de começar a apresentação, dá um branco e não consigo organizar as ideias." Mesmo conhecendo bem o tema que irá apresentar, é fundamental planejar a forma como as informações serão expostas. As considerações que serão apresentadas auxiliarão na eficácia e na fluência da exposição oral, estabelecendo uma estratégia: O planejamento. Essa é a palavra-chave.

Planejamento é um elemento indispensável para que uma atividade tenha sucesso. Planejar, além de transmitir mais confiança ao orador, é sinal de profissionalismo e respeito para com o seu público. Tenha tempo necessário para organizar-se e preparar-se adequadamente. Mesmo sabendo que terá muito tempo para apresentar-se, comece a sua preparação no dia em que receber o convite. Não deixe para planejar na última hora, pois quem fracassa na preparação de sua exibição em público, está se preparando para o fracasso.

Síntese das medidas de ação psicológica:

- Tenha certeza do que vai falar.
- Acredite que vai agradar.
- Acredite que vai dominar.

Síntese dos elementos fundamentais da oratória

- Clareza e Vocabulário adequado

Síntese das características de um bom orador

- Eloquência

A princípio, pode-se estabelecer algumas diretrizes como:

1. Definir, com precisão, que objetivo quer alcançar: Informar? Distrair? Persuadir? Promover-se? Motivar?

2. Buscar informações sobre as características do seu público, para adaptar o nível de linguagem e o assunto a seus interesses. Identifique idade, sexo, nível sócioeconômico etc.

3. Pesquisar muito sobre o tema a ser abordado. Prepare-se adequadamente. Conhecer a fundo o assunto que abordará é o primeiro quesito para o sucesso de uma apresentação. Procure montar um esquema de sua apresentação, para orientar a sequência de ideias que serão expostas.

4. Utilizar a criatividade, despertando o interesse das pessoas. Planeje estratégias que diferenciem a sua apresentação das demais apresentações. Motive o público a ouvir a sua fala. Crie expectativa sobre o tema.

5. Escolher os recursos materiais que utilizará. Use canais adequados que prenderão a atenção e o interesse dos ouvintes (recursos audiovisuais). Ouvir e acompanhar a fala com recurso visual facilita a assimilação da mensagem.

6. Verificar a duração da fala. A definição do tempo que se utilizará para a exposição oral limitará o assunto que será abordado. Procure manter-se dentro do tempo programado. Cuidado! Ultrapassar o tempo ou falar menos do que a duração prevista pode tirar a qualidade de sua apresentação além de passar para o público a imagem de quem não se preparou. Busque sempre selecionar o conteúdo de acordo com o tempo que tem disponível. Aqui também cabe o treino, para verificar a duração da fala. Nunca diga aos ouvintes, como desculpa, que o tempo é curto ou o assunto é muito vasto. Adéque o conteúdo ao tempo disponível.

7. Treinar muito até sentir-se confiante. O treino é essencial. Treinar em frente a um espelho ajuda a descobrir falhas e cacoetes. Isole-se e aja como se estivesse perante o seu público. Valorize a sua apresentação. Treine o tanto de vezes que for necessário até sentir segurança. Se for possível, grave e assista ao seu treino. Mas nunca decore o que vai falar. A memória, às vezes, pode falhar. Costumo, em meus cursos, comparar a prática de decorar a fala em público a um jogo de quebra-cabeça. Caso se perca uma peça, o quebra-cabeça ficará incompleto. Caso se esqueça de uma palavra, provavelmente não se conseguirá dar continuidade à apresentação.

Planeje e, só depois, transmita!

Falar bem não é um dom. É uma arte que se aprende. Vejamos algumas orientações:

- **Assuma como você é** - Às vezes, por motivos aparentemente banais, perdemos oportunidades de nos apresentar em público, escondendo-nos atrás de uma imagem distorcida da realidade. Isso provoca um sentimento negativo que leva à insegurança. Vamos alterar esse quadro. O que podemos mudar, vamos mudar. Porém, aquilo que não for possível mudar, teremos que aprender a viver com a situação e aceitar as nossas imperfeições assim como aceitamos nossas qualidades. Dar um destaque positivo para o que se tem de melhor ajuda muito. Pode ser a postura, o tom de voz, a segurança ao falar, a elegância, a simpatia etc. Assim, descobre-se que aquilo que incomoda ficará encoberto pelo que se tem de melhor. Aceite-se!

- **Não tenha medo do esquecimento** – O nervosismo, a desorganização de ideias, uma interrupção, o uso de uma palavra que não se tem o hábito de falar, entre outras coisas, podem provocar o esquecimento. Esquecer o que se vai falar é normal. Não se preocupe com o esquecimento porque só quem sabe que você se esqueceu de algo é você. As pessoas não têm conhecimento do "script" de sua fala. Então, para que nervosismo? Atente para estas duas situações:

- Você está falando e de repente alguém interrompe sua fala. Quando você retoma o assunto, tem dificuldade em dar continuidade porque esqueceu onde parou. Essa situação é muito comum. Vamos comparar ao nosso dia a dia, quando perdemos algo e refazemos todo o percurso para encontrar. Na fala é a mesma coisa. Nesse momento, mantendo a tranquilidade, você pode usar o seguinte artifício com o seu público: "Recapitulando o que estávamos analisando..." E sintetizando o que falava, provavelmente aquela ideia que havia "fugido" retornará ao seu lugar e você dará continuidade a sua apresentação, sem que as pessoas percebam o seu esquecimento. Caso isso não ocorra, continue a sua fala de forma normal e quando lembrar, "encaixe" a informação naturalmente, como se ali fosse o lugar de ela entrar.

- Você está se saindo muito bem e inesperadamente não consegue se lembrar de uma palavra. É muito simples resolver essa situação: Descreva o que a palavra quer dizer ou descreva a situação. Por exemplo, digamos que no meio de sua fala, você não conseguiu lembrar a palavra nepotismo. É só falar com suas palavras, de forma simples, o que o vocábulo quer dizer. Por exemplo: "Nesta empresa não haverá nepotismo." Fale: "Nesta empresa não haverá favorecimento para com os parentes." Se for uma situação, descreva-a da forma mais simples. O público entenderá a mensagem e nem notará o seu esquecimento.

- **O pedido de desculpa pode chamar a atenção para a sua falha** – Tenha presença de espírito para sair de situações difíceis perante seu público. Em algumas situações, pedir desculpas pode chamar a atenção das pessoas exatamente para essa imperfeição. Evite desculpar-se listando problemas de saúde, como justificando uma rouquidão, uma gripe ou muito cansaço. Se você se apresentar com entusiasmo, e o seu discurso for bom, o público nem perceberá.

- Outra situação comum é assistirmos a um palestrante desculpar-se, logo no início de sua apresentação, comunicando que não deu tempo para se preparar bem, ou que o convite foi feito de última hora. Isso demonstra desrespeito para com o público, além de gerar desinteresse nas pessoas em ouvir a sua apresentação. Se não está preparado, não se apresente. É óbvio que haverá situações de formalidade que exigirão uma satisfação para o público. Mesmo assim, faça-a com elegância e discrição.

- **Não se intimide com o seu público** – Se você domina o assunto e preparou-se adequadamente, não há o que temer. Caso, na plateia, haja alguém que tenha mais conhecimento do que você sobre o tema que está abordando, veja por um lado positivo e tire proveito, pois isso lhe dará a oportunidade de aprender mais sobre o assunto. Porém, se alguns ouvintes souberem menos do que você, estará acrescentando informações novas a um público específico. Leve em consideração que não são títulos que fazem a pessoa saber mais ou menos. É o conhecimento seguro e profundo que se tem do assunto que dará a sensação de conforto e tranquilidade perante qualquer público.

- **Não tente responder o que não sabe** – Uma das características da eloquência é a sinceridade. Quando não souber responder a alguma pergunta, não esconda esse fato de seu público. Deixe claro que não sabe, todavia não fale dessa forma. Seja sutil nessa situação, alegando, por exemplo, que esse tópico, muito embora seja bem relevante, não foi contemplado para a exposição de hoje. Mas que você poderá conversar sobre o assunto, ao término do encontro. Quando for um evento em que você está representando a sua empresa e alguém faz uma pergunta sobre uma área específica, que não seja a sua, mostre para o interlocutor a importância de seu questionamento e em seguida informe que não tem competência para falar sobre o assunto, haja vista não ser a sua área de atuação, mas que irá pôr à disposição o contato da pessoa responsável pelas informações solicitadas. Só se comprometa a responder posteriormente, caso tenha tempo ou assessoria para isso.

Exercício nº 3

CONSTRUINDO UMA APRESENTAÇÃO

- **Orientações:**

    Prepare uma apresentação para 3 minutos de fala, baseando-se na seguinte afirmação:

    "A lua não fica cheia em um dia."

    Você pode utilizar como recurso uma história que conheça, uma notícia jornalística ou até mesmo um fato que tenha ocorrido com você, para associar à informação.

    Preocupe-se em ordenar as ideias, mantendo uma sequência de começo, meio e fim.

    Treine bastante e apresente-se para grupos de pessoas amigas.

    Faça a sua apresentação com naturalidade, como se estivesse contando uma história.

COMO ESTRUTURAR UMA APRESENTAÇÃO ORAL

Ao expor as suas ideias a um público, divida-as em três partes bem distintas: introdução, desenvolvimento e conclusão. Deixe essa divisão bem clara para seus ouvintes, pois as pessoas normalmente estão mais atentas à fala do orador no começo – por curiosidade em saber o que ele irá falar e no final – porque estão esperando o término da apresentação.

1º PASSO: SUGESTÃO DE ROTEIRO

I) INTRODUÇÃO (estabeleça confiança)
(Utilizar 15% do tempo de sua fala)

É o momento de conquistar a atenção do público e romper as resistências. Costumo fazer em sala de aula a comparação da introdução de uma palestra com o início de um filme. Se o enredo apresentado e as cenas iniciais não forem atrativas, dificilmente iremos ter interesse em continuar assistindo-lhe. Da mesma forma é com uma apresentação. Se não houver motivação para o público acompanhar sua fala, ele se dispersará e você perderá a atenção de seus ouvintes. No começo de uma apresentação, o público acompanha, com atenção, a fala do orador, porque está na expectativa de saber o que será exposto. Dê uma ideia do assunto, faça uma visão geral para motivar as pessoas a ouvir o que tem a dizer. Esse momento é essencial para passar uma boa impressão e ganhar a confiança do público.

Dicas importantes:

- **Usar palavras positivas** – Cumprimente com entusiasmo os seus ouvintes. Prevaleça-se das condições de lugar (cidade - local do evento - estrutura física), tempo (datas comemorativas) e até das pessoas (referir-se à apresentação do orador anterior - ressaltar a presença de uma figura conhecida ou importante no auditório) expressando um comentário simpático para o público, tornando mais fácil a sua interação com as pessoas. **Seja gentil**.

- **Exalte as qualidades dos ouvintes** – Valorize o público, reconhecendo sua qualidade e destacando sua importância. As pessoas gostam de ser elogiadas, e isso auxiliará a transmitir uma imagem positiva de você. **Seja cortês!**

- **Despertar curiosidade da plateia, gerando expectativa** - Em algumas ocasiões, não há a necessidade de se começar imediatamente o assunto. Gere expectativa em torno do tema. Aproveite e aguce o interesse do público fazendo perguntas que atrairão a atenção das pessoas, levando-as a pensar em que você irá falar. Faça uma alusão ao motivo do encontro, mostrando sua importância e vantagens. **Seja criativo!**

II) DESENVOLVIMENTO (assunto central)
(Utilizar 80% do tempo de sua fala)

Agora o orador desenvolve o tema, expondo os argumentos que irão confirmar a sua tese. É o momento de saber persuadir o público. Comece a desenvolver o assunto, trazendo informações específicas dentro de uma ordenação lógica de ideias. Exponha os fatos mostrando provas que fundamentem suas afirmações. Escolha bem as palavras que irá utilizar, para provocar o interesse de seu público e convencê-lo. O seu vocabulário deve ter como objetivo alcançar não só a clareza e o entendimento do assunto, como também fazer o público aceitar suas ideias ou concordar com um fato, por meio de razões bem fundamentadas.

- Faça uso de argumentos apoiados em bases sólidas, que confirmem a tese que foi abordada. Você tem que ser convincente.

- Exemplifique com evidências, informando a fonte, marcas, nomes, números, dados estatísticos, citações, comparações, afirmações, negações etc.

- Explore os sentidos da audição e visão, utilizando recursos audiovisuais. Esses meios ajudam a conquistar a atenção do público, levando-os a visualizar a mensagem, facilitando o entendimento de sua ideia.

III) CONCLUSÃO (síntese do assunto)
(Utilizar 5% do tempo de sua fala)

É o fechamento da fala. A mensagem final do orador. Deve ser breve. Faça uma recapitulação, um resumo do que foi desenvolvido, dando destaque à ideia mais importante. Você pode deixar uma reflexão para a plateia ou usar uma citação como forma de encerramento.

- **Faça um grande final** - Neste momento trabalhe mais a entonação e a intensidade (volume) da voz, conforme o sentimento que quer demonstrar ao término de sua apresentação: para um final alegre aumente a intensidade e para um final triste baixe-a para passar essa percepção aos ouvintes. Considere que você tem armas poderosas, que são seus gestos e suas palavras. Dê um brilho especial à sua voz. Demonstre, com energia, essas qualidades. Use-as para emocionar as pessoas, encerrando com vibração a sua exibição em público.

- **Avise ao público que já vai encerrar** - É interessante o uso de expressões que sinalizam o final de sua apresentação. Esses sinais trazem de volta aqueles ouvintes que porventura estavam dispersos. Você pode concluir usando algumas palavrinhas mágicas, como: Portanto... Logo... Enfim... Finalizando... etc. Após o aviso de que irá encerrar, você tem que encerrar mesmo. Já assisti a palestras em que o orador comunica que vai encerrar e começa a contar uma história, prolongando-se no fecho da apresentação. "Finalizando, amigos, vou contar um caso que aconteceu comigo, por ocasião de uma viagem que fiz..." Lembre-se de que concluir é apresentar, de forma resumida, o que constitui o mais importante daquilo que foi exposto em uma apresentação. O bom orador é aquele que para de falar quando o público deseja que ele continue se apresentando. Saiba a hora certa de parar. Procure não fechar a sua fala com expressões vazias e banais, como: " É isso aí, pessoal"; "Era só isso que eu tinha para falar" – É lógico que o público já percebeu que você só tinha isso para falar; "Não há mais nada a dizer" – Se não há mais nada a dizer, então para que dizer isso? Melhor que se fique calado ou simplesmente agradeça. Esses encerramentos são desprovidos de objetividade e além de não transmitirem absolutamente nada, podem acabar com uma excelente apresentação.

- **Agradeça sempre** - Toda vez que se termina uma explanação oral, deve-se agradecer às pessoas que ouviram. Afinal, o público prestigiou a apresentação.

2º PASSO: REVISAR O CONTEÚDO

Agora que a apresentação está pronta, o passo seguinte é revisar o conteúdo elaborado, analisando se realmente o material alcançará o objetivo esperado. Observe se o nível de linguagem está adequado ao público. Procure utilizar uma linguagem dentro do padrão culto, evitando erros de Português. Optar pela variante linguística adequada a cada circunstância tornará seu processo de comunicação mais eficiente.

3º PASSO: TREINAR

Só passaremos confiança e falaremos com entusiasmo e dinamismo se estivermos seguros do que iremos apresentar. O treino, nesta etapa de preparação, é fundamental para nos dar essa segurança. Ensaie como se estivesse perante a plateia. Fale em frente a um espelho ou, se for possível, grave seus "ensaios" em vídeo para examinar sua postura, expressões faciais, gestos e voz. Isso ajudará a observar em que pontos poderá melhorar.

4º PASSO: FALAR EM PÚBLICO

Agora que se preparou psicologicamente e já está com segurança, dominando o assunto, chegou o momento de você fazer a sua apresentação. Observe:

- Se ainda não foi conhecer o lugar onde irá se apresentar, chegue mais cedo para ver a disposição do local e organizá-lo a seu modo.

- Confira as condições dos equipamentos que irá utilizar, para evitar "surpresas" durante a sua explanação.

- Chegue cedo e aproveite para receber as pessoas, conversando com elas antes da apresentação, à medida que forem chegando. Isso fará com que você se familiarize com o público e, no momento em que começar a falar, saiba para onde direcionar seu olhar, pois essas pessoas não serão mais estranhas a você.

Exercício nº 4

ORGANIZAÇÃO DA FALA

- **Objetivo:**

    Organizar as ideias numa sequência lógica, levando os ouvintes a um "alvo" definido.

- **Tempo:**

    Cinco minutos.

- **Organização:**

    1. Organizar é pensar claramente, de forma lógica e ordenada. Os ouvintes são motivados pelo que lhes interessa. Logo, tenha como objetivo o ponto de vista deles. Pense em algo que possa estimulá-los a ouvir e concordar com você.

    2. Decida sobre o que vai falar.

    3. Desenvolva as ideias apoiadas nessa motivação.

- **Elabore a sua apresentação:**

    1. Limite o assunto em um só aspecto. (Lembre-se de que você só tem cinco minutos.)

    2. Assegure-se de que o assunto é relevante e oportuno para o seu público.

    3. Divida as ideias em começo, meio e fim.

- **Modelo de organização da fala:**

    1. Comece a fala com uma afirmação empolgante e desafiadora.

    2. Dê um exemplo que os inclua e atraia a atenção deles para o assunto. Por exemplo: "Digamos que vocês tenham vivenciado uma experiência semelhante a esta..."

3. Use um acontecimento real como exemplo: " Ao avaliar o sistema de segurança destes condomínios, monitorado por esta empresa, pudemos observar, em uma análise mais profunda, que a tranquilidade de todos nós depende..."
4. Fale rapidamente dos argumentos que se opõem a seu ponto de vista, mostrando os equívocos neles contidos.
5. Use dados estatísticos ou afirmações de autoridades legais no assunto, para sustentar sua ideia.
6. Elabore material de apoio como, por exemplo, roteiro da fala e ilustrações em "power point".
7. Feche sua fala com um comentário semelhante ao da abertura, resumindo sua mensagem e incentivando o público a agir.

Saber os princípios básicos da comunicação não é tudo. Interpretá-los e usá-los adequadamente é fundamental!

VI. COMUNICAÇÃO NÃO VERBAL COMUNICAÇÃO VERBAL

Um bom orador se cria por meio de muito estudo e prática. É um trabalho sincronizado que envolve a voz e o corpo, unindo-se a palavra aos gestos e à postura, interagindo, dessa forma, a Comunicação Não -Verbal com a Comunicação Verbal.

Observe o quadro abaixo:

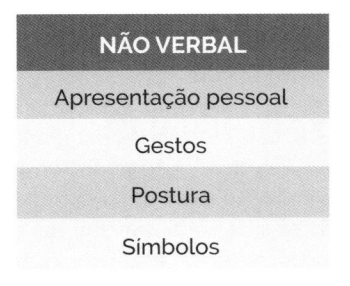

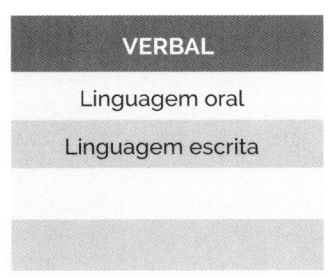

NÃO VERBAL	VERBAL
Apresentação pessoal	Linguagem oral
Gestos	Linguagem escrita
Postura	
Símbolos	

COMUNICAÇÃO NÃO VERBAL

A sua imagem vem antes de você ser ouvido. Ela é um fator primordial para influenciar no grau de sua receptividade pelo público. A expressão corporal é o primeiro contato que as pessoas têm com o orador. Prime-se pelo vestuário, adequando-o com a sua clientela, pois a impressão pessoal satisfatória mostra que você tem senso de respeito. A linguagem do corpo deve enriquecer a sua comunicação. As pessoas primeiro são atraídas pela imagem que você passa, para depois aceitar a sua mensagem. Você só tem uma única chance para causar a primeira impressão aos seus ouvintes. Não perca essa oportunidade.

Exerça domínio sobre seus ouvintes e faça com que tenham toda a atenção voltada para a sua apresentação. Só comece a falar quando seus ouvintes estiverem atentos à sua fala. Olhe as pessoas demonstrando confiança. O olhar é um elo fundamental nesse processo de comunicação. Dirija o seu olhar para os seus ouvintes e não em seus ouvintes. Seja natural com suas expressões faciais. Mantenha a cabeça sempre erguida, com postura de vencedor, sentindo seus pés firmes no chão. Seus gestos devem ser adequados, acompanhando as palavras, como se dessem acabamento às ideias. Provoque impacto no público, alternando o tom e a velocidade de sua voz, para dar mais ênfase à mensagem que quer deixar. Converse com a plateia, pronunciando as palavras com clareza e correção.

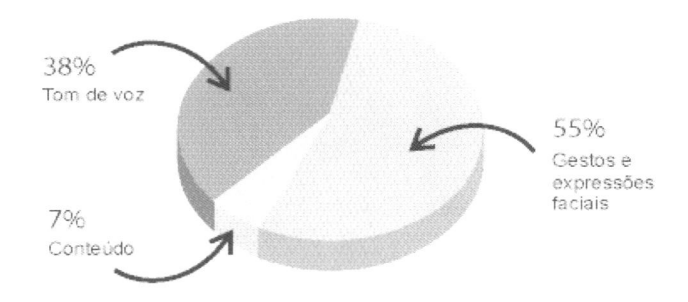

38% Tom de voz

55% Gestos e expressões faciais

7% Conteúdo

A IMPORTÂNCIA DA COMUNICAÇÃO NÃO VERBAL

Há pessoas que, por serem grandes conhecedoras do assunto que irão expor, se sentem seguras e confiantes para falar em público, preocupando-se exclusivamente com "o que irão falar", subestimando a preparação de "como vão falar". Isso pode ser arriscado, pois quando a comunicação não verbal se apresenta em desarmonia com a comunicação verbal, o público percebe facilmente a distância entre o que está sendo verbalizado e o sentimento real do orador, passando a acreditar naquilo que está vendo, e não no que está ouvindo.

Ao transmitir uma mensagem para o público, esses dois canais têm de estar equilibrados. O corpo e a voz harmonizam-se com a mensagem. A imagem do orador chega antes da sua fala.

A expressão corporal representa 55% da comunicação não verbal. É a primeira informação que passamos para o público. As expressões faciais, a postura, o traje e os gestos têm que ser apropriados.

A segunda informação que se passa é a voz, representando 38% de importância no processo da comunicação não verbal. Preocupe-se com o tom adequado e ponha energia na fala.

Depois de conquistar o interesse do público, com a sua aparência pessoal e o tom de voz adequado, é a vez de o público receber o seu conteúdo, representado por 7% no processo não verbal. Mas lembre-se de que você tem que dominar 100% do conteúdo.

APARÊNCIA PESSOAL

Cuidando de sua imagem pessoal, você causará uma boa impressão.

Prepare-se para o sucesso!

A aparência pessoal do orador é o contato inicial que ele tem com a plateia. É o primeiro elemento a ser visto pelo público. Na comunicação não verbal, o orador transmite às pessoas um reflexo do que se passa no seu subconsciente, revelando, naquele momento, se o seu estado interior é de tranquilidade, medo, desconfiança, insegurança, tristeza etc.

É certo que a apresentação pessoal não é tudo, mas auxilia muito, pois o primeiro contato que o orador faz com seu auditório é o contato visual e passar uma boa impressão, com certeza, facilitará a sua relação com o público.

O ideal é que você escolha roupas elegantes, confortáveis, limpas, clássicas, adequando-se à ocasião e ao seu papel profissional. O zelo pela aparência ajuda a aumentar as chances de sucesso. Você é o cartão de visita de seu empreendimento ou do órgão que representa. As pessoas frequentemente compram primeiro a nossa imagem, para depois comprar o nosso produto. Valorize a sua primeira impressão.

A ORADORA

A mulher deve observar o comprimento da saia ou vestido, procurando usar uns dois dedos abaixo do joelho, para sentir-se mais confortável ao sentar. O uso de vestidos com decotes ousados é definitivamente descartado para uma oradora. Se optar por terninhos, não use calças justas e escolha cores claras para usar de dia e escuras para usar à noite, procurando modelos clássicos. Os sapatos devem ser de ponta fechada ter saltos não muito altos, para proporcionar conforto e dar segurança ao andar. A maquiagem é uma necessidade e deve combinar com o evento. De dia, pode-se usar uma sombra bem clara e um batom com o tom suave. À noite, as cores do batom podem ser mais fortes. Cuidado! O excesso ou a falta da maquiagem representam um erro. Pulseiras, brincos e colares devem ser discretos.

O ORADOR

O homem, dependendo da circunstância, optará por terno ou um traje social fino. O colarinho da camisa social deve estar abotoado. Se for falar em pé, não se esqueça de abotoar o terno. Se alternar momentos sentado e momentos em pé, o melhor é abotoar o paletó e deixar o último botão aberto. Assim evitará uma cena embaraçosa, caso, na pressa, feche os botões em casas diferentes. Evite o uso de calça "jeans", camiseta e tênis em apresentações formais. É possível vestir-se mais à vontade com roupas esportivas de tecido mais fino e algodão. Os sapatos devem estar bem engraxados. Cabelo e barba bem feitos.

Se você estiver vestido com uma roupa que se sinta bem à vontade, provavelmente sua imagem será positiva e mais segura aos olhos da plateia.

POSTURA

A naturalidade e a elegância são pontos fundamentais para a aceitação de sua imagem. Uma postura natural, espontânea e flexível transmite autoconfiança. Evite posturas inadequadas e desajeitadas que podem denotar relaxamento, bem como rígidas demais que passam uma imagem de autoritarismo, criando uma barreira entre você e a plateia.

A atenção com a postura começa antes do início da sua fala. Enquanto aguarda a sua vez, o orador deve manter-se de forma impecável. Lembre-se de que você está sendo observado, mesmo antes de começar a falar. Ainda que sentado (a), preocupe-se com a postura. A naturalidade e a elegância são fundamentais. Conserve a coluna ereta, porém sem rigidez. Um corpo curvado para frente denuncia fraqueza e produz sensação de tristeza e insucesso.

A apresentação de um artista só acaba quando ele sai de cena. Vigie a sua postura!

OS PÉS E AS PERNAS

- Posicione-se, quando estiver em pé, com os pés afastados alguns centímetros um do outro. Assim terá o equilíbrio necessário. Pernas muito abertas passam uma imagem de desleixo e deselegância.

- Descanse discretamente suas pernas, enquanto fala em pé. Sem que o auditório perceba, jogue o peso ora em uma perna, ora em outra. Para isso, basta colocar uma perna um pouco à frente da outra.

- A mulher, ao sentar, deve manter os dois pés no chão ou cruzar as pernas, desde que não fique trocando de posição demasiadamente. Poderá também juntá-las e colocar os pés para o lado. Cruzar os pés em "X" e posicioná-los à frente do corpo também é elegante.

- O homem pode ficar sentado com as pernas paralelas, uma a outra, mantendo uma abertura adequada e elegante. Ao cruzar as pernas, deve tomar cuidado para não esticá-las para a frente do corpo e aparentar uma postura de relaxamento. Virar a sola de seu sapato para quem está sentado a seu lado é falta grave. Essa é uma postura para momentos de muita informalidade. Porém, desaconselhável para quem está se apresentando em público.

- Quando for argumentar ou agir em defesa de alguém ou de alguma ideia, caso esteja sentado (a), procure fazê-lo com os dois pés firmes no chão. Isso dará mais segurança e possibilitará uma melhor inclinação do tronco para a frente, demonstrando convicção.

- Ao apresentar-se, dirija-se à frente do público caminhando tranquilamente, com dinamismo e simpatia.

OS BRAÇOS E AS MÃOS

- As mãos "desenham" no ar as ideias expressas oralmente. Faça movimentos expressivos. Cuidado para não exagerar na "mímica".

- Não é proibido apoiar-se em mesas ou cadeiras. Mas, lembre-se de que só poderá encostar as pontas dos dedos. Apoiar com toda a mão fará o seu corpo inclinar-se para frente, passando a ideia de insegurança e timidez.

- Muitos palestrantes optam por falar atrás do púlpito ou tribuna, porque se sentem protegidos. Porém, esse recurso limita os gestos. Atente para que braços e cotovelos não se encostem no púlpito. Apoie-se, segurando a tribuna na lateral. Se preferir, pode colocar a ponta dos dedos sobre a parte superior. Mesmo com a proteção do púlpito, a maneira elegante e correta de se posicionar em pé deve ser mantida. Nunca descanse o corpo sobre o púlpito.

- Os gestos interpretam e dão vida à fala do orador. Não existe uma regra básica orientando como se deve posicionar as mãos. O importante é usar os gestos com naturalidade, na postura que for mais confortável e adequada para o momento. Use o gestual no auditório da mesma forma como se estivesse conversando com amigos. Seja você mesmo e fuja de atitudes artificiais. Pode-se começar a apresentação com as mãos caídas naturalmente ao longo do corpo. À medida que se fala elas se elevarão até a cintura. Caso queira apoio para descansar as mãos, mantenha-as nessa altura e posicione uma sobre a outra, em forma de concha. Mas faça de forma bem natural. Posturas que parecem programadas chamam a atenção.

O TRONCO

- Evite uma postura relaxada, com ombros caídos, pois além de ser deselegante, transmite uma atitude de fracassado. Um comunicador tem que passar uma imagem que mereça respeito e confiança do público.

- Assumir uma posição altiva demais também constitui erro, pois demonstrará uma imagem arrogante e prepotente. Criará um sentimento de antipatia e colocará a plateia em estado de defensiva. Lembre-se de que a primeira vitória será conquistar a simpatia do público. Passe uma imagem agradável e simpática.

- Às vezes, o nervosismo faz o orador posicionar-se de forma inflexível. Antes de apresentar-se, procure aliviar a tensão com exercícios de relaxamento e exercícios respiratórios. Na hora de fazer uso da palavra, mantenha o tronco ereto e sem rigidez, os ombros abertos, a cabeça erguida e o olhar voltado para a plateia. Não importa quem esteja no auditório. Assumindo essas posturas, você passará uma imagem de vitorioso (a).

A CABEÇA

- A moderação do movimento da cabeça deve estar de acordo com a fala, gestos e sentimentos, complementando ideias, dando ênfase à informação e contribuindo para uma comunicação mais eficiente.

- A cabeça bem alinhada ao corpo transmite a ideia de coragem. Evite a postura deselegante de falar com a cabeça caída para um dos lados do corpo, transmitindo insegurança e timidez.

Procure evitar estes comportamentos que traduzem nervosismo e insegurança:

- Andar nervosamente de um lado para o outro sem olhar para o público.
- Ficar estático por muito tempo.
- Ficar curvado ou rígido em demasia.
- Balançar-se com frequência de um lado para o outro.
- Gesticular descompassadamente.
- Ficar de costas para a plateia, enquanto fala.
- Gesticular de maneira a demonstrar ironia ou deboche.
- Manter expressão de tédio, raiva ou desinteresse.
- Suspirar, como se estivesse cansado.
- Olhar para o teto e para o chão, para um ponto perdido no espaço ou para apenas uma pessoa.
- Apoiar-se em móveis.
- Cruzar as pernas em demasia.
- Gesticular abaixo da cintura ou acima dos ombros.
- Manter as mãos nos bolsos por longo tempo.
- Manusear papéis, óculos, caneta, pincéis etc., enquanto estiver falando.
- Apoiar o corpo incorretamente em uma perna.
- Ficar em pé e cruzar as pernas em "X".
- Suspirar, como se estivesse cansado (a).
- Balançar-se de um lado para o outro, como um pêndulo.
- Ficar temporariamente na ponta dos pés.
- Movimentar-se desnecessariamente para frente e para trás.
- Manter os braços cruzados por longo tempo.
- Apoiar o corpo numa perna e pôr a mão na cintura.
- Ficar com as mãos para trás.
- Virar os pés e apoiar-se.
- Apoiar o corpo no calcanhar.

SEMBLANTE

O sorriso é muito importante. Ele ajuda a romper barreiras que nos parecem intransponíveis. Podemos desarmar e conquistar o inimigo, apenas com um sorriso.

O nosso semblante projeta as emoções e complementa a nossa mensagem. É o processo da comunicação aliado à expressividade e à coerência. A linguagem verbal deve estar uniforme à linguagem não verbal, pois ambas se complementam na comunicação oral.

Podemos expressar os nossos sentimentos de várias formas. A naturalidade é o ponto de partida. Evite demonstrar indiferença ou exagerar em trejeitos faciais. A fisionomia do comunicador é importante, pois irá expressar como ele está se sentindo. Usar adequadamente as expressões faciais é de fundamental importância para conseguir alcançar o objetivo de sua mensagem.

Há algum tempo, foi veiculado na mídia um vídeo em que uma repórter anunciou, com o semblante alegre, a notícia do falecimento de certo jogador de futebol. Nessa situação, não houve coerência entre a comunicação verbal e a não verbal. Procure mostrar um semblante coerente com a informação que está passando.

A BOCA

A boca, além de ser o veículo que conduz a palavra ao público, também define a simpatia do semblante do orador. Por meio de movimentos expressivos, comunicamos sentimentos negativos ou positivos ao nosso ouvinte.

- Ao cerrarmos os lábios, estamos dando ideia de negação ou dúvida.

- Ao deixarmos a boca semiaberta, passamos a ideia de expectativa, de espera.

- Ao mordermos o canto inferior da boca, passamos a ideia de entendimento ou reflexão.

- Ao empurrarmos os lábios para a frente, o conhecido "biquinho", demonstramos decepção, descontentamento.

VOZ

O homem é superior aos outros animais por ser o único que explicita os seus pensamentos por meio de palavras. Atualmente, pelo fato de o processo da comunicação oral ser frequentemente exigido - tanto nas relações profissionais, como sociais-, ter uma boa qualidade de voz contribui para o sucesso, pois a voz acompanha a sua aparência pessoal. Hoje não é mais concebível a ideia de alguém, durante uma reunião, expor um projeto ou persuadir um grupo a aceitar sua opinião ou comprar o seu produto, sem apresentar uma voz clara, firme e na intensidade adequada para a ocasião. Imagine a cena de um político, fazendo um comício, com a finalidade de obter votos para a aprovação de sua candidatura, sem usar os gestos, falando baixo e sem nenhum entusiasmo na voz. Com certeza, esse candidato terá sua aprovação sim, mas para um curso de oratória, onde conhecerá técnicas que o ajudarão a usar a voz com mais energia e segurança.

Uma grande parte de profissionais usam a voz como instrumento de trabalho. Vendedores, operadores de "telemarketing", locutores, professores, cantores, advogados, pastores, recepcionistas e atores são alguns exemplos.

A voz é o ar que, ao sair dos pulmões, faz vibrar as cordas vocais produzindo o som. Administrar bem esse ar é um fator fundamental para um bom desempenho oral e para ter uma boa qualidade vocal.

A voz projeta os sentimentos, revela as emoções e mostra a personalidade do orador, sendo a sua identidade. A pronúncia correta das palavras, sem defeitos de articulação e dicção, contribui não só para transmitir a mensagem com mais segurança, como também para enfatizar as ideias e facilitar a compreensão.

Saiba utilizar a intensidade da sua voz. A fala baixa provoca desinteresse do público, como a alta demais incomoda os seus ouvidos.

Alguns cuidados devem ser tomados para se ter qualidade e saúde vocal:

- Melhore sua capacidade pulmonar, praticando exercícios respiratórios apropriados.

- Fale pausadamente para melhorar a dicção e compreensão da mensagem. Isso dará mais colorido ao seu discurso. A pessoa que fala rápido atropela o processo da comunicação. Falar pausadamente é dar oportunidade ao ouvinte de assimilar melhor a informação.

- Fale com entusiasmo e mostre convicção.
- Observe se você ouve bem o que fala. Adéque a altura de sua voz ao ambiente.
- Dê mais vida à sua mensagem, mudando a intensidade e a velocidade de sua voz, de acordo com a intenção da fala.

Evite falar:

- Sem mover o maxilar — com os dentes travados.
- Sem estar preparado, pois o nervosismo, causado pela insegurança, afetará a sua voz.
- Pelo nariz — com o tom nasal.
- Com a flor dos lábios, como se estivesse conversando com um bebê.
- Fumando.
- Alto por um longo tempo, porque logo cansará as cordas vocais e poderá provocar rouquidão.
- Como se estivesse lendo. É desestimulante e pode gerar monotonia e desinteresse, porque sua fala ficará sem vida.
- Diminuindo o tom da voz no fim da frase, dificultando o entendimento da mensagem.

Existem hábitos que são altamente prejudiciais à saúde vocal como:

a) a mudança repentina de temperatura;
b) o fumo;
c) a ingestão de bebidas geladas ou alcoólicas antes da apresentação;
d) o pigarro;
e) a exposição constante a locais com ar-condicionado;
f) a apresentação em ambientes onde há muito barulho.

Esses fatores obrigam o orador a falar bem mais alto que o normal.

Dicas para cuidar de sua saúde vocal:

- Ingerir uma média de 8 copos de água diariamente. Além de ser saudável, hidrata as cordas vocais.
- Procurar um fonoaudiólogo, caso tenha dificuldades em articular algumas palavras.
- Evitar, no dia da apresentação oral, alimentar-se de banana, chocolate ou tomar leite e ingerir seus derivados. Esses alimentos criam uma secreção na garganta, que atrapalha a clareza da voz, além de provocar pigarro.
- Dar repouso às cordas vocais, sempre que terminar uma apresentação, para evitar fadiga na musculatura vocal. Caso tenha que se apresentar por um longo tempo, procure alternar sua apresentação oral com alguma outra atividade.
- Evitar o uso de medicamentos que aliviam rouquidão, sem a prescrição médica.
- Comer maçã antes da apresentação, pois a sua propriedade adstringente auxilia no bom desempenho do aparelho fonador, e o processo de mastigação exercita a articulação da fala.
- Manter uma postura com o tronco ereto, enquanto estiver falando, para que a projeção de sua voz saia livremente.

DICÇÃO

É a forma como são articuladas ou pronunciadas as palavras. Emita as palavras de forma correta e clara, facilitando a compreensão de seu público. A alteração fonética, a má articulação e a omissão de letras em uma palavra poderão comprometer a credibilidade de sua mensagem.

Às vezes, por serem incultas ou por negligência, é comum algumas pessoas omitirem as letras "S" ou "R" no final das palavras e a vogal "I" no meio delas. Então, saem por aí dizendo "fizemo" por fizemos, "trazê" por trazer, "própio" por próprio, "janêro" por janeiro, "vamo" por vamos etc.

A omissão de letras, bem como a troca das consoantes "L e R" também causam um grande "dano" em sua apresentação. Imagine um orador falando assim:

– Senhores, "resolvemo" o "pobrema" que "afrigia" a nossa cidade.

Também é muito comum ouvir-se erros de prosódia, ou seja, a troca da sílaba tônica das palavras, pronunciando-as erroneamente.

Por exemplo:

- rúbrica – em vez de rubrica
- côndor - em vez de condor
- íbero - em vez de ibero
- nóbel - em vez de nobel etc.

Muitas pessoas têm dificuldades em pronunciar certas palavras. Esses erros devem ser corrigidos, para dar mais brilho a apresentação. Vejamos alguns:

- abóbada e não abóboda;
- advogado e não adevogado;
- avaro e não ávaro;
- bebedouro e não bebedor (lugar de beber água);
- boêmia e não boemia;
- cidadãos e não cidadões;
- crisântemo e não crisantemo;
- depredar e não depedrar;
- esteja e não esteje;
- estupro e não estrupo;
- fecha (ê) e não fecha (é) (verbo fechar);
- lagarto e não largato;
- meteorologia e não metereologia;
- perturbar e não pertubar;
- pudico e não púdico;
- seja e não seje;
- umbigo e não embigo.

Para melhorar a dicção, recomenda-se:

- Considerar a pronúncia correta das palavras.
- Pronunciar os finais das frases, sem diminuir o tom da voz, para não as tornar inexpressivas.
- Flexionar e utilizar todas as possibilidades da voz, de acordo com a situação.
- Articular claramente todas as palavras, sem comer nenhuma sílaba ou letra.

TOM

Você já observou as diversas formas em que pode utilizar a sua voz no processo de comunicação? Dependendo da entonação, da intensidade da voz e da expressão fisionômica da pessoa que fala, uma mesma informação pode ser traduzida de formas diferentes. Vou exemplificar, para ficar mais claro. Um simples "obrigado", acompanhado de um sorriso amigável, denota que a mensagem foi pronunciada no sentido real de agradecimento. Porém, se a pessoa expressar-se falando alto e revelando um desagradável ar de ironia, com certeza essa expressão será entendida como um deboche ou sarcasmo.

Portanto, não é só de palavras que se cria um processo de comunicação oral eficaz. Há outros fatores que alteram o significado da mensagem. Nesse processo de comunicação não verbal, o tom da voz é fundamental para dar sentido à mensagem.

O tom da voz é a qualidade da voz. É a carga emocional que se dá a cada termo falado. **Alterar o tom, nas palavras que são importantes, dinamiza a fala e atrai a atenção do ouvinte**. A voz deve estar de acordo com o sentimento que se procura expressar.

TOM GRAVE OU SOLENE

Utilizado para discursos e declarações. É um tom firme.

Exemplos:

a) "Eu estou contente em unir-me com vocês no dia que entrará para a história como a maior demonstração pela liberdade na história de nossa nação." (Discurso de Martin Luther King – 1963)

b) Eu vos declaro marido e mulher.

TOM NATURAL

Utilizado para conversas. Há o predomínio de uma voz harmoniosa, dentro de uma velocidade normal.

Exemplo:

" Ninguém mais que qualquer um de nós para saber do que somos capazes e, a par desse conhecimento, começar a melhorar detalhe por detalhe."

(Ruy Telles – A fácil arte de falar em público)

TOM EMOCIONAL

Exige uma entonação mais alta ou baixa, dependendo da circunstância, com alteração na velocidade da fala.

Exemplo:

"Ah, quem dera eu pudesse arrancar o coração do meu peito e atirá-lo na correnteza, e não haveria mais dor, nem saudade, nem lembranças."

(Paulo Coelho – Na Margem do Rio Piedra eu sentei e chorei – 1994)

Exercício nº 5

TRAVA-LÍNGUA

Quantas pessoas já passaram pela situação de usar a fala em público, quer seja em uma conversa informal ou em uma apresentação, e de repente "tropeçar" na pronúncia de uma palavra e não conseguir articulá-la corretamente. Um dos fatores que contribuem para isso é a falta de exercício, antes da apresentação, para trabalhar a musculatura da língua.

Existe uma atividade chamada "trava-língua", que ajudará muito na desenvoltura de sua fala, destravando a língua e tornando-a mais flexível para pronunciar certos sons.

Mas, atenção! Esse exercício deve ser feito sempre uns dez minutos antes de começar a sua apresentação. Nada adiantará fazê-lo de manhã e se apresentar à tarde, pois a língua se acomodará no assoalho da boca e trará dificuldades para determinadas pronúncias.

- **Siga as orientações a seguir, e bom exercício!**

1º Coloque na boca, entre os dentes, um palito de picolé, para segurar a língua e impedir o seu movimento, imobilizando-a.

2º Faça a leitura dos textos a seguir, sem movimentar a língua. Leia a primeira vez normalmente. Na segunda aumente a velocidade da leitura e na terceira, leia bem rápido.

MAFAGAFOS
Num ninho de mafagafos
Há cinco mafagafinhos
Quem os desmafagafar
Bom desmafagador será.

"Vozes velosas.Veludosas vozes
Volúpia de violões, vozes veladas
Vagam nos velhos vórtices velozes
Dos ventos, vivas vãs, vulcanizadas."
(Cruz e Souza)

A lontra prendeu a
Tromba do monstro de pedra
E a prenda de prata
De Pedro, o pedreiro.

Eu tagarelarei
Tu tagarelarás
Ele tagarelará
Nós tagarelaremos
Vós tagarelareis
Eles tagarelarão

PEDRO
Pedro tem o peito do pé preto
O peito do pé de Pedro é preto;
Quem disser que o peito do pé
De Pedro não é preto,
Tem o peito do pé mais preto
Do que o peito do pé de Pedro

RESPIRAÇÃO

Provavelmente você já deve ter assistido a alguma apresentação, em que no meio da fala o orador precisou "puxar" o ar, porque estava sem fôlego. Isso pode acontecer pelo nervosismo, pela insegurança em relação ao tema e, mais frequentemente, por não saber disciplinar a saída de ar dos pulmões. Isso é sinal de que não está respirando de forma correta.

O ato de respirar é um fator autônomo e é resultado da expansão (inspiração) e retração (expiração) da caixa torácica, sendo um ato involuntário. Identificaremos aqui dois padrões de respiração:

Diafragmática: É o modo de respiração mais adequado para quem usa a fala como ins-trumento de trabalho. O diafragma é um músculo, localizado entre os pulmões, na região infe-rior, que comanda os movimentos da respiração. É fácil utilizar esse tipo de respiração. Comece inspirando pelo nariz lentamente, enviando o ar para o abdômen (a região abaixo do estô-mago), sem elevar a região peitoral. Depois solte o ar lentamente pela boca, como se você estivesse soprando um balão, conservando o abdômen sempre para frente.

Peitoral: É a respiração utilizada por quem pratica esportes. Ela é curta e só trabalha os pulmões.

Saber trabalhar a respiração é fundamental para falar com tranquilidade, usando pausas que auxiliarão na dicção, facilitando a decodificação da mensagem pelo ouvinte. O ritmo certo, na velocidade da fala, dependerá de sua capacidade pulmonar.

Durante uma palestra, administrar bem o ar é essencial não só para o controle emocio-nal, como também para se obter uma boa dicção.

Na oratória, é necessário aprender a realizar uma respiração profunda, silenciosa e cons-tante. A respiração não pode ser forçada e deve acompanhar a pontuação da frase dita ou o término do pensamento. Discipline o seu fôlego, evitando inspirar fora das pausas naturais.

Exercício nº 6

TRABALHANDO A CAPACIDADE PULMONAR

Mantendo-se em pé, com ligeira abertura das pernas, ombros descontraídos e respiração diafragmática, faça os exercícios abaixo:

a) Inspire lentamente pelo nariz até encher os pulmões.

- Segure o ar enquanto conta até cinco.
- Solte o ar com uma expiração bucal suave.
- Repita o exercício contando agora até seis.
- E assim sucessivamente até conseguir segurar o ar contando até dez.

b) Tampe uma narina e inspire pela outra, enquanto conta lentamente até cinco.

- Prenda a respiração por cinco segundos.
- Agora tampe a narina pela qual inspirou e libere o ar pela outra narina, contando lentamente até cinco. Repita este exercício até conseguir contar até dez, sempre alternando as narinas.

c) Inspire lentamente pelo nariz, contando até dez. Segure a respiração por cinco segundos e libere o ar pela boca, produzindo um som. Ex.: sssssss, zzzzzz, éééééé.

Exercício nº 7

• **Faça uma leitura do texto ao lado da seguinte forma:**

1º Inspire e leia a primeira estrofe, soltando todo o ar dos pulmões.

2º Inspire e agora leia a segunda estrofe, liberando todo o ar dos pulmões.

3º Encha de novo os pulmões de ar e leia a terceira estrofe, soltando todo o ar dos pulmões.

4º Repita esse processo até conseguir ler todo o texto, sempre interligando as frases, em um só fôlego. Lembre-se de que sempre que começar uma estrofe, deverá administrar bem a saída do ar, pois não poderá parar no meio da leitura para inspirar. Caso acabe o ar e não tenha terminado a leitura, recomece o exercício. Esse exercício deve ser feito, pelo menos, duas vezes ao dia, com um intervalo grande entre eles, pois exige muito de quem o pratica.

ESTA É A CASA QUE PEDRO FEZ

1ª Esta é a casa que Pedro fez.

2ª Este é o trigo,
Que está na casa que Pedro fez.

3ª Este é o rato,
Que comeu o trigo,
Que está na casa que Pedro fez.

4ª Este é o gato
Que matou o rato,
Que comeu o trigo,
Que está na casa que Pedro fez.

5ª Este é o cão,
Que espantou o gato,
Que matou o rato,
Que comeu trigo,
Que está na casa que Pedro fez.

6ª Esta é a vaca de chifre torto,
Que atacou o cão,
Que espantou o gato,
Que matou o rato,
Que comeu o trigo,
Que está na casa que Pedro fez.

7ª Esta é moça mal vestida,
Que ordenhou a vaca de chifre torto,
Que atacou o cão,
Que espantou o gato,
Que matou o rato,
Que comeu o trigo,
Que está na casa que Pedro fez.

8ª Este é o moço todo rasgado,
Noivo da moça mal vestida,
Que ordenhou a vaca de chifre torto,
Que atacou o cão,
Que espantou o gato,
Que matou o rato,
Que comeu o trigo,
Que está na casa que Pedro fez.

9ª Este é o padre de barba feita,
Que casou o moço todo rasgado,
Noivo da moça mal vestida,
Que ordenhou a vaca de chifre torto,
Que atacou o cão,
Que espantou o gato,
Que matou o rato,
Que comeu o trigo,
Que está na casa que Pedro fez.

10ª Este é o galo que cantou de manhã,
Que acordou o padre de barba feita,
Que casou o moço todo rasgado,
Noivo da moça mal vestida,
Que ordenhou a vaca de chifre torto,
Que atacou o cão,
Que espantou o gato,
Que matou o rato,
Que comeu o trigo,
Que está na casa que Pedro fez.

11ª Este é o fazendeiro que espalhou o milho,
Que tinha o galo que cantou de manhã,
Que acordou o padre de barba feita,
Que casou o moço todo rasgado,
Noivo da moça mal vestida,
Que ordenhou a vaca de chifre torto,
Que atacou o cão,
Que espantou o gato, que matou o rato
Que comeu o trigo,
Que está na casa que Pedro fez.
(Bia Bedran)

COMUNICAÇÃO VERBAL

O homem possui uma variedade de meios para desenvolver o processo da comunicação. Cada um com suas respectivas características.

Considerada a mais clara e eficaz forma de se comunicar, a comunicação verbal facilita a interação entre as pessoas, transmitindo informações por meio de palavras e sons. A escolha do vocabulário adequado, visando não só à capacidade de entendimento dos ouvintes, bem como a uma comunicação eficaz, fará um grande diferencial no resultado final de uma apresentação em público.

FIDELIDADE E RUÍDO

Pressupõe-se que quem fala bem, automaticamente se comunica bem. Porém, quando se emite uma informação e essa não chega de modo claro, ou não é bem interpretada, provocamos um RUÍDO na comunicação entre o emissor e o receptor. Quando se passa a informação com clareza e há um bom entendimento da mensagem pelo público, diz-se que houve FIDELIDADE no processo de comunicação.

Existem fatores que causam ruído na comunicação. Os vícios de linguagem, por exemplo, atrapalham na clareza da mensagem. São imperfeições oriundas do descaso, do descuido e do desamor para com a Língua que desvirtuam a linguagem, tirando-lhe a graça, a expressividade e a nobreza.

Entre eles, temos:

- **Pleonasmo** - Palavras supérfluas, absolutamente desnecessárias. Ex.: "Sair para fora"; "Subir para cima"; "Vanguarda da frente".

- **Ambiguidade** - Palavra ou expressões que apresentam duplo sentido. Ex.: "O Japão lançará satélites do Brasil."

- **Barbarismo** - Uso da palavra errada com relação à pronúncia, forma ou significação. Ex.: "Carramanchão" em vez de "caramanchão"; "proporam" em vez de "propuseram"; "deteram" em vez de "detiveram".

- **Solecismo** -Erro de sintaxe. Ex.: "**Falta** cinco alunos."(**faltam**); "**Tu** viu?" (**viste**); "**Haviam** dois lugares."(**Havia**); "**Fazem** duas horas..."(**Faz**).

- **Neologismo** - Palavras novas, derivadas ou não de outras já existentes. Ex.: "imexível" - "oportunizar"

- **Colisão** - Sucessão desagradável de sons consonantais iguais ou semelhantes. Ex.: "O sócio se suicidou"; "O sábio sabia saltar".

- **Hiato** - Ocorrência de sons iguais, em sílabas diferentes. Ex.: Vá a aula. Lá há almas penadas.

- **Cacofonia** - Som desagradável, resultante da junção de certas palavras na frase. Ex.: Pedirei perdão **por cada** ofensa. O ator beijou a **boca dela** com paixão.

- **Tautologia** - Consiste na repetição da mesma ideia, com palavras diferentes. Evite usá-las em sua apresentação.

Algumas tautologias:

- Multidão de pessoas
- Juntamente com
- Empréstimo temporário
- Amanhecer o dia
- Fato real
- Outra opção
- Há anos atrás
- Vereador da cidade
- Superávit positivo
- Detalhes pequenos
- Elo de ligação
- Certeza absoluta
- Criação nova
- Surpresa inesperada
- Encarar de frente
- Planejar antecipadamente
- Livre escolha
- Continua a permanecer
- Todos foram unânimes
- Acabamento final

LINGUAGEM E VOCABULÁRIO

Todos nós precisamos nos comunicar e a Língua é considerada o instrumento mais completo da comunicação. Temos que usá-la corretamente e para isso existem algumas normas.

A fala ideal não é aquela rebuscada, como tivesse sido preparada com a intenção de demonstrar cultura do orador e muito menos o uso de uma linguagem vulgar. Ao usarmos a fala em público, devemos adequar a linguagem ao ouvinte, para uma perfeita compreensão da mensagem. É importante também procurar obedecer às regras gramaticais, usando uma linguagem próxima ao padrão culto. Por exemplo, evitar cometer erros de concordância, de regência e empregar corretamente os pronomes pessoais são fatores muito relevantes, dependendo de seu público. Imagine um representante de uma empresa, tentando vender o seu produto, mas utilizando uma linguagem e um vocabulário inadequados ao público ouvinte. Com certeza, além de tirar a credulidade da empresa, não terá sucesso em seu propósito.

NÍVEIS DE LINGUAGEM

A Língua Portuguesa não é estática. Ela evolui acompanhando as necessidades de expressão. Nossa Língua é heterogênea e, na mesma Língua, há uma variedade de formas de se expressar. Ela apresenta variantes linguísticas conforme região, nível sócio/cultural e temporal entre outros fatores. Cada um com suas próprias características.

Quando nos dirigimos a um público, é um requisito importantíssimo observar que tipo de ouvinte receberá a informação, para assim adequarmos corretamente o nível de linguagem ao receptor. Destacam-se aqui três tipos de níveis.

Coloquial (Informal)

É uma linguagem mais espontânea, utilizada no dia-a-dia, onde não há a preocupação com as regras gramaticais.

Exemplos:
- A gente ficou triste.
- Você sabe que te procurei?
- Se ele vir aqui em casa, a gente vai ficar feliz.
- Me dá uma ajuda.

Culta (Formal)

É a linguagem utilizada em situações formais. Obedece às regras gramaticais, não pode ter uso de gírias, preocupa-se com a pronúncia das palavras, não utiliza a expressão "a gente" e usa as formas verbais com as devidas concordâncias.

Exemplos :
- Nós ficamos tristes.
- Você sabe que o procurei?
- Se ele vier aqui em casa, nós ficaremos felizes.
- Dá-me uma ajuda.

Popular

Este tipo de linguagem é utilizado em situações bem informais, e não há uma preocupação com a pronúncia correta de alguns vocábulos. É uma linguagem com vocabulário muito limitado, adaptada ao nível cultural das pessoas e, em algumas vezes, criada pelo povo. Neste nível de linguagem é comum o uso de palavras escritas e pronunciadas de forma errônea e de gírias.

Exemplo: "Mas um dia eu nem quero me alembra/ veio os home com as ferramenta, o dono mando derrubar..." (Adoniran Barbosa)

Cada grupo tem suas próprias características.

Quem pretende usar a fala em público, necessita de domínio vocabular. Para isso é preciso atentar para dois pontos primordiais.

1. Ler sempre. Ao ler, tenha em mão lápis, papel e dicionário. Sempre que aparecer uma palavra que desconheça, procure o seu significado no dicionário e formule frases com ela, para que essa palavra passe a fazer parte de seu vocabulário.

2. Procurar aplicar regularmente as regras gramaticais quando usar a linguagem coloquial. Mesmo em ambiente informal, tente utilizar um padrão culto de linguagem, pois gradativamente esse padrão se incorporará à sua linguagem do dia-a-dia.

ERRADO	CORRETO
Haja visto...	Haja vista...
Ao meu ver...	A meu ver...
Fazem duas semanas...	Faz duas semanas...
Houveram muitas dúvidas...	Houve muitas dúvidas...
Para mim entender...	Para eu entender...
Entre eu e meu público...	Entre mim e meu público...
Vamos assistir um filme no cinema.	Vamos assistir a um filme no cinema.
Prefiro ler do que decorar.	Prefiro ler a decorar.
Chegou em Brasília hoje.	Chegou a Brasília hoje.
Aonde estava o meu óculos?	Onde estavam os meus óculos?

ERRADO	CORRETO
Se eu ver ele por aí, dou o recado.	Se eu vir ele por aí, darei o recado.
Ela estava meia nervosa com o fato.	Ela estava meio nervosa com o fato.
Há anos atrás...	Há anos ou Anos atrás...
A grosso modo...	Grosso modo...

Expressões que causam dúvidas em relação ao seu uso:

Ao falar em público, deve-se levar em conta o sentido e a significação de cada palavra no contexto onde a colocaremos, pois a clareza é um dos pontos principais da comunicação.

A partir de

Utilizar, de preferência, indicando um tempo presente ou futuro. Deve-se evitar seu uso no sentido de "com base em". Prefira "considerando", "fundamentando-se em", "baseando-se em".

Exemplo: O evento será a partir de 14 de novembro de 2009.

Enquanto

É um modismo utilizar essa conjunção no lugar de "como, na condição de". Nesses casos o melhor é fazer a substituição pelas expressões corretas.

Exemplos:

A aluna, na condição de guia, orientava bem os turistas.

(Ela, **enquanto** guia, orientava bem os turistas. **ERRADO**)

Ele, como deputado, elaborou grandes projetos.

(Ele, **enquanto** deputado, elaborou grandes projetos. **ERRADO**)

Inclusive

Esta palavra indica incluir, inserir algo. É o oposto de exclusive, que quer dizer exclusão. Se não irá incluir nada, para que a usar? Prefira: até, ainda, igualmente, aliás, mesmo etc.

Exemplos:

"A situação causou espanto. **Inclusive** o secretário sugeriu uma apuração maior do fato". Repare que "inclusive" não está incluindo ninguém, e sim fazendo uma ressalva, uma explicação.

Substitua por: "A situação causou espanto. **Até (ou aliás)** o secretário sugeriu uma apuração maior do fato".

Recorde e não Récorde

É muito comum a pronúncia errada dessa palavra. A acentuação tônica é na penúltima sílaba. Portanto é uma palavra paroxítona e não leva acento. Pronuncia-se /Recórde/.

Exemplos: O time brasileiro bateu o recorde de pontos no torneio internacional de basquete.

Ao nível de e em nível

A expressão ao nível de é utilizado no sentido de "a mesma altura de".

Exemplo: Rio de Janeiro e Vitória estão ao nível do mar. (mesma altura)

A expressão em nível significa "nessa instância", "com relação a".

Exemplo: A resolução será tomada em nível governamental. (em instância, autoridade)

Atenção: a nível de não existe. Virou moda, parece elegante, mas é errado.

Eu e ele

Observe esta frase: **Eu e ele contribuímos para o sucesso do evento.**

Ao iniciarmos um discurso com o pronome pessoal **EU**, mesmo que de forma inconsciente, não demonstraremos cortesia nem elegância, que são ingredientes essenciais à boa educação.

Prefira: **Ele e eu contribuímos para o sucesso do evento.**

A mim me parece

É uma expressão consagrada, mas está errada. É redundância. Mim e me são pronomes pessoais oblíquos, referentes à primeira pessoa. O correto é: **Parece-me**.

Dentre e entre

É muito comum as pessoas usarem dentre, principalmente em começo de frase. Isso é um erro. Só se deve usar a expressão dentre, quando o verbo que a preceder necessitar de preposição, pois dentre é o resultado da contração de preposição **de** com a preposição **entre.**

Exemplos:

O avião surgiu dentre as nuvens negras. (surgiu **de** onde? **Entre** as nuvens = dentre)

O leopardo saltou dentre a mata fechada. (saltou **de** onde? **Entre** a mata = dentre)

Em outros casos, utiliza-se **entre**.

Exemplo:

Entre os candidatos presentes, ele destacou-se mais.

Exercício nº 8

DESENVOLVER A COMUNICAÇÃO VERBAL

- **Utilizando exemplos das expressões analisadas neste tópico, pratique a sua oratória, empregando a norma culta e elabore rápidas apresentações, baseadas nas seguintes ideias espirituosas:**

    a) Gato escaldado morre.

    b) Depois da tempestade vem a gripe.

    c) Os últimos serão desclassificados.

    d) Quem espera fica louco da vida.

VII. FALA DE IMPROVISO

Uma recomendação que repito inúmeras vezes para os meus alunos é que fazer uma apresentação em público, de improviso, é falta de respeito e consideração para com os ouvintes. Porém, em algumas ocasiões, somos pegos de surpresa, e é inevitável sair dessa situação inesperada.

Sem dúvida alguma, isso é um grande desafio, pois, normalmente nessas situações, não há tempo suficiente para uma boa preparação. Primeiro analise se a ocasião para a qual foi feito o convite merece um improviso ou uma fala bem planejada. Caso não haja tempo para uma preparação prévia, reserve um tempinho para organizar as ideias que irá expor de improviso. Essas situações são imprevistas, e geralmente procuramos fugir desses "sacrifícios". Todavia, se olharmos por outro ângulo, essa oportunidade pode ser o impulso que falta para o prestígio pessoal e o reconhecimento profissional. Entretanto, lembre-se de que falar do que não se domina é irresponsabilidade. Só fale se realmente souber algo sobre o assunto.

Existem técnicas que ajudam a organizar uma apresentação de improviso. Vejamos algumas:

a) Tempestade de ideias

Digamos que, na última hora, a pessoa que faria a abertura de um evento comunicou que não poderia comparecer e passaram essa incumbência para você. Mesmo sendo uma fala de improviso, você terá de planejar e estruturar a sua fala, formando uma sequência lógica de ideias.

1° passo: Identificar o tema (Ideia principal)

Utilize todo o tempo que tiver, mesmo que sejam alguns minutos. Comece perguntando: O que eu tenho a falar sobre esse assunto? O que eu conheço sobre esse assunto? Colha essas informações e liste as respostas. Identifique qual o objetivo da fala e aonde quer chegar. Escolha uma ideia principal.

2° passo: Identificar ideias paralelas (Ideias secundárias)

Faça uma chuva de ideias, em cima da ideia principal escolhida, sem se preocupar com a ordem dos fatos, ou se esses são relevantes ou não. Nessa fase, você procura ideias que estejam relacionadas ao tema central. Como a sua fala é de improviso e você só vai fazer a abertura do encontro, cuidado para não entrar no assunto e incorrer no risco de opinar. Esse não é o objetivo de sua apresentação. Observe que todo tema tem sempre um assunto paralelo. Os assuntos paralelos apresentam-se de duas formas: Uma é bem próxima. Serão tópicos que estarão ligados diretamente ao tema. Quando se vai explanar sobre um assunto, deve-se optar por essa forma.

Por exemplo: **sistema Imunológico (tema) / Prevenção de doenças (assunto próximo)**

Porém, quando se utiliza a fala de improviso, a fórmula mais adequada é a escolha de assuntos paralelos distantes, remotos. Eles dizem respeito ao assunto, porém não estão diretamente ligados ao tema. Fala-se sobre o assunto, sem aprofundamento.

Por exemplo: **Sistema Imunológico (tema) / Prevenção de doenças (assunto próximo) / Exercícios físicos (assunto remoto, distante**)

3° passo: Identificar o tema a ser exposto

Depois de criar a relação de assuntos paralelos, opte por uma ideia que seja de seu entendimento e mais fácil de falar. Então faça uma nova chuva de ideias para identificar os assuntos paralelos remotos que irão servir de apoio para a sua apresentação. Retire as ideias que não são relevantes. Neste ponto, você está delimitando o assunto e preparando a sua fala de improviso. Agora ordene os fatos, relacionando-os, faça um roteiro e treine.

Só você é que pode saber que a fala é de improviso. Seu público, nunca! Portanto, nada de justificativas como: "Senhores, o orador ainda não chegou..." ou aquela desculpa "Fui pego de surpresa e nem tive tempo de me preparar...". Seja bem natural e aja como se tudo já estivesse preparado dessa forma.

Por ser uma fala de improviso, não convém falar por muito tempo, pois poderá ser repetitivo e o público perceber essa falha.

b) Ordenação de ideias no tempo

Outro recurso para improvisar é a **OIT - Ordenação de Ideias no Tempo.** Essa fórmula é muito simples, mas requer uma bagagem de conhecimento geral. Pegue o tema e organize os fatos numa sequência cronológica. Primeiro faça uma visão do assunto no passado. Depois, ligando as ideias, mostre a visão no presente e, por fim, conclua com uma visão futura do tema em foco.

Mesmo sendo de improviso, não se esqueça do roteiro, pois além de ser um excelente apoio, dará mais segurança e demonstrará que você se preparou.

> Ordene os pensamentos que tem em mente;
> relacione os fatos; faça um esboço.
> Seja breve. Este é seu improviso.

Exercício nº 9

FALAR DE IMPROVISO

- **Objetivo:**

    Preparar uma fala de improviso.

- **Tempo de apresentação:**

    Cinco minutos.

- **Atividade:**

    Qualquer discurso produzido por um emissor tem como alvo um determinado público receptor. A mensagem a ser construída deve ter como base o contexto desses ouvintes. Na fala de improviso, podemos abusar dessa referência, quando conhecemos quem receberá a informação. Escolha um perfil de público, adapte o seu nível de linguagem a esse público e construa uma apresentação de improviso, com o tema: "A impotência diante do avanço tecnológico".

VIII. DISCURSO MANUSCRITO

    É um texto elaborado previamente, com a exposição de determinado assunto, para ser lido em público. Nesse tipo de discurso, a naturalidade e a espontaneidade são imperceptíveis, pois é mais formal e menos pessoal. Tem de ser muito bem elaborado e conciso, com argumentos lógicos e persuasivos, para não causar cansaço ou desinteresse do ouvinte.

ALGUMAS DICAS QUE FACILITARÃO A ELABORAÇÃO E A LEITURA DO DISCURSO

- A fonte ideal a ser utilizada é Arial - 14, pois facilita a leitura.
- A largura de cada linha deve ser de doze centímetros.
- Parágrafos devem ter no máximo três linhas, cada um.
- Escreva o discurso em espaço duplo.
- Numere cada página do discurso, à direita, na parte superior, com fonte maior que a do texto.
- Use negrito para o que quer dar ênfase na fala.
- Procure, após cada linha lida ou em cada pontuação, olhar para o público, para manter o contato visual.
- Leia o texto em voz alta, em frente a um espelho, para observar a postura.

- Leia o texto, o tanto de vezes que der segurança, antes de falar em público.

- Utilize os símbolos: / para substituir a vírgula e // quando for uma pausa maior. Esses símbolos são mais fáceis de serem visualizados na leitura e darão mais melodia à sua fala.

- Caso o discurso seja feito em pé, as folhas devem ser grampeadas. Segure-as na altura do peito para que não esconda o seu rosto.

- Utilize só 2/3 de cada folha com o seu discurso, pois assim não terá que baixar muito a cabeça para ler até o fim da página.

  Exemplo:

  Estamos aqui reunidos / para tratar de um assunto

  que é muito importante para todos nós: //

  A nossa liberdade // Todo homem tem o direito de viver

  livremente // Porém / estão roubando-lhe esse direito //

ROTEIRO DE APRESENTAÇÃO

Ao contrário do que muita gente pensa, o uso de roteiro ou de uma nota é perfeitamente cabível na Oratória. Todavia, alguns cuidados devem ser observados para que esse apoio não represente um problema para o orador:

- Caso leve mais de uma nota, enumere-as. Assim não perderá a sequência.
- Não use papéis grandes. O tamanho ideal é o de 7cm x 12 cm.
- Escolha papel grosso. Eles disfarçam a tremura das mãos, gerada pelo nervosismo.
- Dê preferência às fichas pautadas ou cole o roteiro em um pedaço de cartolina
- Escreva palavras ou frases de redução (duas palavras). As fichas não são objeto de leitura e sim de acompanhamento.
- Escreva com letras grandes e de caixa-alta.
- Treine.

A utilização das fichas não dispensa o treino na Oratória.

Discurso parlamentar

Esse tipo de discurso não precisa necessariamente ser longo. Pode ser objetivo, contanto que se atente para o uso adequado das palavras, a fim de que atraiam o público, conquistando assim a sua confiança e seu apoio. Use um vocabulário simples, que aproxime você de seu eleitorado. Fale resumidamente de sua vida, de suas lutas e vitórias. Seja carismático, despertando a atenção a aprovação da plateia, passando a imagem de igualdade. Nunca perca a conexão com seu público.

A mensagem a ser proferida deve expressar um conhecimento profundo, adquirido durante sua vida pública. Acredite: a maioria dos eleitores é perspicaz, o que faz perceberem se o candidato está sendo verdadeiro e espontâneo. Procure saber de seus interesses e suas preocupações. Examine e reflita sobre essas situações. Em seguida, trace um plano passível de ser executado. Mostre-lhes que se importa com seus problemas e anseios.

O objetivo do discurso deve ser ganhar a aprovação do seu público. Logo, analise as aspirações de seus ouvintes, necessidades e desejos e trace projetos que atinjam esses propósitos, desenvolvendo uma temática com argumentos que provem a importância dessas estratégias para o bem-estar social. Use a emoção para induzir as pessoas a aceitarem suas convicções. A coerência é fundamental para a persuasão. Gestos, expressões faciais e voz devem estar harmônicos. Reforce sempre a sua opinião, com base em provas e leve sua plateia a acreditar e aceitar as suas ideias. Nunca perca a conexão com seu público. Deixe-o deslumbrado, instigando-o a acompanhar a sua fala.

Para enriquecer e chamar a atenção das pessoas, use citações que reforcem o seu objetivo. Termine seu discurso fazendo um breve resumo do que foi dito. Em seguida, deixe uma mensagem de impacto, utilizando palavras "mágicas" - portanto, sendo assim, dessa forma, enfim etc., o que provocará na plateia uma reflexão sobre o que foi exposto.

IX. RECURSOS AUDIOVISUAIS

Desde a Pré-História que já se utilizavam recursos visuais, para melhor esclarecer o processo da comunicação. As pinturas rupestres são um dos mais antigos registros que temos sobre a comunicação entre os homens, por meio de imagens e símbolos. Ver o que se está expondo facilita a compreensão e faz com que as informações sejam assimiladas com mais facilidade por quem as recebe.

Atualmente, com o avanço tecnológico, dispomos de inúmeros recursos para auxiliar na transmissão de uma mensagem. A preparação do material adequado para uma apresentação auxilia no êxito do evento, dando qualidade ao trabalho e eficácia ao processo de comunicação.

Estes são alguns facilitadores que contribuirão para uma apresentação eficaz:

FLIP – CHART (ÁLBUM SERIADO)

É um instrumento utilizado para um público de até 25 pessoas, desde que não estejam muito longe do recurso. O ideal é começar a utilizar as folhas do álbum de trás para frente. Isso facilita o manuseio, tornando mais prático o seu uso. Evite escrever com letra cursiva. Opte pela letra de imprensa, da forma maiúscula. Desse modo, a visualização da informação ficará mais clara. Lembre-se sempre de deixar uma página em branco, quando não for utilizar mais as anotações escritas no "flip-chart". Assim, o ouvinte fixará a atenção só na sua fala e não se distrairá lendo o que foi escrito anteriormente.

QUADRO MAGNÉTICO (QUADRO BRANCO)

Permite uma apresentação rica. Atente ao detalhe de sempre que terminar de expor um assunto manter o quadro limpo, para não causar distração física.

VÍDEO / TV

É uma boa opção para determinados tipos de apresentação. Dependendo do tamanho da televisão e da altura em que ela esteja colocada, atenderá a uma plateia em torno de 30 pessoas. Acima desse número, o ideal é usar uma tela de projeção.

PROJETOR MULTIMÍDIA (DATA-SHOW)

É um recurso que permite exposições dinâmicas, enriquecendo sua apresentação e atraindo a atenção do público para o foco de sua mensagem. Porém, cuidado para não exagerar no número de "slides". Não os use como leitura. Sua finalidade é ilustrar e tornar mais clara a sua apresentação. É bom fazer alguns lembretes:

- Prefira elaborar os slides com o fundo de cor escura, e as letras claras, para realçar as informações.

- Não abuse no uso de muitas cores. É recomendável usar, no máximo, até três cores diferentes, pois assim não prenderá a atenção das pessoas em detalhes visuais. Dê ênfase na ideia principal com cor diferente.

- Não exagere com o uso de gráficos, pois poderá ser cansativo.

- Não exagere em textos. Se houver texto, ele deve ser introdutório e no máximo com quatro linhas. Dessa forma, aguçará a curiosidade das pessoas, atraindo a sua atenção.

- Use as fontes Arial ou "Times New Roman", com letras grandes (mínimo fonte 20), porque permitem melhor visualização do texto.

- Programe-se para fazer a sua apresentação, se possível, com o máximo de sete slides para cada cinquenta minutos de fala.

- Escreva tópicos para destacar o foco importante do que vai ser abordado. Não "polua" o slide com excesso de informações, pois as pessoas não foram assistir a você fazer uma leitura em público e sim assistir à sua apresentação em público. Em vez de escrever, fale.

- Procure fazer a sua apresentação com os tópicos agrupados em parágrafos, ou seja, eles só aparecerão à medida que clicar no mouse. Dessa forma, você evita que as informações apareçam antes da hora e que o público se distraia, lendo o que está escrito, enquanto fala.

- Modere o uso abusivo de efeitos especiais do tipo letrinhas "saltitantes" ou "voadoras", sons de máquina de escrever etc. Tudo isso pode causar distração no público.

- Evite passar na frente do projetor de imagens, enquanto estiver apresentando algum slide. Procure posicionar-se em um dos lados da tela.

- Use o apontador a laser evitando movimentos giratórios e sublinhados repetitivos na imagem projetada. Pode ser divertido para quem "brinca", porém, em muitos casos, torna-se irritante para quem vê.

USO DO MICROFONE

Haverá ocasiões em que não bastará ter uma boa capacidade pulmonar nem uma boa intensidade de voz. O tamanho do ambiente em que se fará a apresentação exigirá um tom de voz muito alto. Nesse momento, o microfone, se for bem utilizado, será um grande apoio. Não o encare como um terrível inimigo. Conheço pessoas que fogem de falar em público, quando têm que utilizar o microfone. Por que tanto medo de algo inanimado? Será que estão fugindo do microfone ou de ouvir a sua própria voz?

Conheça alguns procedimentos elementares que irão possibilitar uma boa apresentação.

a) Microfone de lapela

- Ele é preso na roupa e dá liberdade aos movimentos.

- Não toque nos fios enquanto estiver usando-o, pois o som propagar-se-á muito alto.

- Sua sensibilidade é muito alta e pode causar ruídos em sua comunicação. Antes de fazer comentários alheios ao assunto, certifique-se de que o microfone está desligado.

b) Microfone de cabeça (headset)

- Segue as mesmas orientações para o uso do microfone de lapela.

c) Microfone de pedestal

- Treine os movimentos de regulagem antes de se apresentar, para familiarizar-se com o recurso.

- Posicione-o meio inclinado, à distância de 10 a 15 centímetros da boca, evitando deixá-lo tampar o rosto.

- Mantenha-o 1 ou 2 centímetros abaixo do queixo. Sua voz passa por cima do microfone.

- Fale olhando sobre o microfone e não para o microfone.

- Aumente o volume da voz, caso se afaste dele.

d) Microfone de mesa e microfone sem fio

- São dispensados os mesmos cuidados já relacionados aos de cima.

- Caso o utilize nas mãos, segure-o, com naturalidade, apenas com uma mão, evitando movimentá-lo.

- Procure usar o microfone na mão oposta àquela que usa para escrever. Assim evitará ficar gesticulando enquanto segura o microfone.

- Cuidado para não cometer o erro de ficar "alisando" o suporte do microfone enquanto fala. É um ato involuntário e as pessoas nem se dão conta do que estão fazendo. Entretanto, o público assiste a "uma grande prova de carinho".

- Ao utilizar o microfone sem fio, tome cuidado para não esquecê-lo parado na mão. Preocupe-se em posicioná-lo, de acordo com os movimentos da cabeça, para que o som da voz não desapareça.

- Esteja sempre preparado para algum contratempo.

X. APRESENTAÇÃO DE UM ORADOR

A apresentação de um orador tem por finalidade preparar o público para receber o palestrante. Portanto, não se deve estender em elogios e nem expressar opinião sobre o tema. Simplesmente chame a atenção das pessoas para a importância do encontro.

ORIENTAÇÕES IMPORTANTES

1. **Tranquilidade** - A respiração é uma grande aliada. Falando com calma, você transmite segurança.

2. **Respiração** – Deve ser pausada, para não atropelar a pronúncia das palavras.

3. **Posicionamento** – Tenha sempre um ponto central no palco, ou na sala onde estiver se apresentando. É importante que, sem exagero, haja mobilidade, mas tomando cuidado para não passar na frente da luz do projetor. Muito importante também é vigiar para não virar de costas para as pessoas; olhe-as para criar um relacionamento confiante. Mantenha a elegância, evitando gestos excessivos e desarmoniosos.

4. Perguntas – Estimule-as, a fim de identificar o que seu receptor conhece sobre o assunto. Faça sempre perguntas abertas como: "Como você resolveria esta situação?", "O que você sabe sobre o assunto?", O que você faria diante dessa circunstância?". À medida que as pessoas vão respondendo, faça anotações num quadro. Isso incentivará as pessoas a se envolverem no processo. Evite perguntas em que a resposta seja "sim" ou "não".

A fórmula mágica para se apresentar um orador ao público é conhecida pela sigla **AICA**

- **ASSUNTO:** (tema) Seja breve e informe o assunto do encontro à plateia.

- **IMPORTÂNCIA:** (justificativa) Informe ao público as vantagens em ouvir o palestrante.

- **CREDENCIAIS:** Informe as credenciais do palestrante, relacionadas ao tema.

- **APRESENTAÇÃO:** Diga o título da palestra e, por fim, apresente o orador, chamando-o pelo nome completo.

MODELO DE APRESENTAÇÃO

Sras. e Srs., boa-noite!

A (assunto)

Estamos aqui reunidos, para tratar de um assunto muito importante para todos nós. O nosso país. Como construir um país ideal?

I (importância)

É a televisão, o rádio, o jornal. A todo instante tomamos conhecimento de algo desagradável, quer seja no campo da política, da educação, segurança, saúde...Até quando ficaremos impotentes, assistindo ao nosso país mergulhar no caos? Será que existem soluções viáveis que permitam criar um país que seja dos nossos sonhos? Poderíamos viver melhor se tivéssemos mais igualdade de direitos? Temos como parar a violência?

C (credenciais)

É com imenso prazer que iremos receber a visita de alguns técnicos da Fundação Mundo Melhor, uma das mais expressivas entidades em pesquisa de problemas relacionados ao crescimento do país. Esses técnicos atuam em várias áreas como titulares de comissões, analisando problemas que afetam o Brasil e trarão sugestões baseadas em seus estudos e dados estatísticos.

A (apresentação)

Técnico em pesquisas sobre Economia Política, pela Universidade Federal do Pará, Mestre em Estatística Populacional pela Universidade de Brasília. Convidamos para dar início ao seminário, sobre o tema "Refazendo o país" o senhor Joaquim José da Silva.

REUNIÕES

POSTURAS ADEQUADAS

Reuniões são excelentes oportunidades para se fechar negócios, vender produtos, fazer parcerias, definir metas a serem alcançadas, discutir ideias com grupos de trabalho, comunitário ou social entre outras coisas. Quando produtivas, cooperam para o sucesso do evento.

Porém, às vezes, essas situações parecem torturosas, pois demoram muito, tornando-se demasiadamente desgastante e, em algumas ocasiões, começando atrasadas. Dessa forma, ao acabar uma reunião, tem-se a sensação de que não foi totalmente proveitosa como se esperava.

Não existe uma fórmula mágica para que essa visão mude totalmente, já que cada pessoa tem uma percepção dos fatos de forma diferente, bem como o modo de se comportar. Entretanto, utilizando algumas técnicas, é possível transformar esse quadro e conduzir bem uma reunião, alcançando seu objetivo.

Conselhos:

- O dirigente de uma reunião, em primeiro lugar, deve ser uma pessoa otimista e determinada, demonstrando intenção em colaborar, cumprimentando todos com simpatia e vibração, gerando uma boa energia.

- Em seguida, deve falar da importância do encontro e apresentar seu objetivo.

- Convocar participantes temporários, ou seja, dispense aqueles que foram chamados apenas para discutir um ponto específico. Informe isso, com antecedência a todos, de maneira bem clara, e reforce no início da reunião, pois assim certamente não só haverá participantes motivados, como também tornará a reunião muito mais produtiva, porque os integrantes só serão convocados para discutir pontos específicos de seu interesse.

- É importante que, logo no início, se limite a duração de fala para cada participante, pois isso ajuda na organização do tempo que se tem para o encontro. O ideal é que se tenha até 3 minutos. É óbvio que o bom senso vai prevalecer, em alguns casos, onde há uma necessidade maior de tempo.

- Use palavras positivas que incitem a aceitação de suas ideias. Ex.: aumentar, desenvolver, progredir, recuperar, produzir, crescer, resolver, vantagem, solucionar, melhoria, progresso, conquistar, aprimorar etc. Seu desempenho dependerá da habilidade de como age perante as pessoas.

- Algumas expressões incertas devem ser substituídas por outras que transmitam confiança. Sendo assim, em vez de dizer "vou tentar apresentar", "eu acho", que revelam insegurança, use "acredito que", "posso afirmar que", "vou apresentar", "tenho certeza de que".

- Procure introduzir o tema da discussão com uma pergunta. Isso chamará a atenção dos participantes para ouvir as respostas das pessoas presentes e se motivarem a participar.

- Em geral, quando se delibera "o que fazer", as pessoas já querem pular para a etapa seguinte: "como fazer". Não se prenda às questões operacionais. O ideal é orientar as pessoas para que marquem imediatamente outra oportunidade, entre os interessados, para essa discussão, e prossiga a reunião.

- Prepare-se para ouvir críticas e aceitá-las. Perceba, nessa oportunidade, os aspectos positivos necessários para aperfeiçoar a sua atuação. Comentários inadequados devem ser educadamente rejeitados.

Condutas apropriadas

Alguns princípios essenciais da boa educação devem ser lembrados:

a) Evite discutir assuntos de cunho pessoal. Essa não é uma boa ocasião. Prenda a atenção de todos no objetivo do encontro.

b) Tenha uma postura correta ao sentar-se, evitando "deitar" na cadeira, mesmo que a reunião esteja cansativa.

c) Use adequadamente os pronomes de tratamento ao se dirigir às pessoas – Senhor, Senhora, Doutor, Magnífico Reitor, Meritíssimo Senhor Juiz etc., exceto se lhe derem consentimento para chamar de "você".

d) Descubra algo de bom em alguém ou em alguma participação, e faça um comentário construtivo. Lembre-se de não criticar e sim auxiliar.

e) Preserve-se de comentários depreciativos, pois as palavras criam imagens.

f) Respeite os pensamentos dos outros. Nem todos pensam como você. Reconheça que cada ser tem seu pensamento originado dele próprio.

g) Controle-se para não bocejar enquanto o outro está com a palavra.

h) Evite assuntos que abordem divergências políticas, atritos de origem religiosa, crimes doenças, preconceitos, racismo entre outros. Esses temas, fora de hora, são inoportunos e podem gerar polêmica, afetando o equilíbrio do encontro.

i) Fazer referências nobres a pessoas ou acontecimentos importantes, relativos ao local onde se está, será sempre elegante.

j) Tenha atitude determinada, porém natural. Use um tom de voz firme e pausado, mantendo uma postura harmoniosa.

k) Saiba sempre ouvir o outro. Espere a pessoa acabar de expor sua ideia, para começar a sua fala.

l) Mesmo discordando de alguma opinião, sempre que possível, concorde com o ponto de vista do outro, aceite com restrição a sua observação e depois reafirme a sua consideração, respeitando os direitos dele.

m) Use instrumentos de apoio (audiovisuais), inclusive na apresentação oral de relatórios.

XI. ORIENTAÇÕES FINAIS

PROCEDIMENTOS APROPRIADOS

Palestra

- Em auditórios grandes, com muita gente, comece a trabalhar o olhar de trás para a frente. Olhe da última fileira para a primeira. Isso fará com que você se acostume com a plateia e, ao chegar com o contato visual à primeira fila, já terá se familiarizado com o público. Outra dica é olhar lentamente em círculos, como se estivesse procurando alguma pessoa conhecida no meio da plateia. Assim todos irão se sentir privilegiados com a sua atenção.

- Quando for aplaudido, sorria sempre e espere o término das palmas para continuar a sua fala.

- Caso haja vaias em sua apresentação, pare de falar e mantenha a postura elegante. Aguarde que a reação hostil termine para retomar a sua apresentação. Lembre-se de que não deve perder o controle da situação e se irritar com o público. Procure manter a calma e a serenidade, demonstrando um semblante amistoso.

Aula

- Olhe na direção dos alunos.
- Convide-os a participar da aula, dando oportunidade àqueles que se manifestarem para expressar suas ideias.
- Ande pela sala de aula e interaja com eles.
- Valorize a opinião dos seus alunos. Isso os motivará a uma maior participação.

Debate

- Alterne o olhar para a plateia e para o moderador.
- Caso não haja uma "plateia", olhe para quem estiver falando ou para quem for responder.
- Não se preocupe com o movimento das câmeras.

COMO PROCEDER EM DETERMINADAS SITUAÇÕES DE IMPROVISO

Despedida

- Comece relembrando o dia de sua chegada. Relate que tipos de sentimentos teve naquela ocasião.
- Como foi a receptividade das pessoas.
- Diga o que está levando de bom dessa convivência.
- Como se sente neste momento de despedida.
- Lembre das pessoas que o ajudaram, enalteça seus méritos e agradeça-as.
- Faça elogios, porém sem hipocrisia.
- Participe às pessoas o motivo de sua partida.
- Agradeça com palavras de satisfação.

Agradecer a designação para um cargo de confiança

- Mostre como se sente honrado(a) com a indicação.
- Fale que será o mais responsável e honesto que puder no exercício da função.
- Agradeça e prometa superar as expectativas das pessoas que confiaram em você.

Para iniciar discursos em circunstâncias tristes

- É com grande sentimento de tristeza que venho anunciar aos senhores...
- Nesta hora tão difícil temos que conseguir forças para superar a dor...
- Senhores, infelizmente não temos somente momentos de alegria. Existem ocasiões tristes, como esta de grande dor, com a perda do nosso amigo...
- Sabemos que há momentos em nossas vidas que precisamos ser fortes e suportar a tristeza e a dor...

Para determinadas situações sociais:

- Sinto-me lisonjeado(a) por estar entre tantos amigos e principalmente poder falar para vocês.
- É imensamente gratificante poder representar nosso (clube, associação, empresa etc.) nesta ocasião tão especial.
- Que bom poder revê-los neste momento de tanta alegria!
- É uma grande satisfação poder atender a esse honroso convite.
- Há muito sonhava com este momento e hoje estou muito feliz por ter chegado esta oportunidade.

Exercício nº10

- **Comentar, de maneira improvisada, as seguintes citações:**

    1. "Dê um peixe a um homem faminto e você o alimentará por um dia. Ensine-o a pescar e você o alimentará pelo resto da vida." (Provérbio chinês)

    2. "A renúncia é a libertação. Não querer é poder." (Fernando Pessoa)

    3. "As palavras ofendem mais que as ações." (Necker)

    4. "O homem morre como nasce: sem cabelos, sem dentes e sem ilusões." (Voltaire)

    5. "A razão é uma luz que Deus acendeu em nossa alma." (Aristóteles)

Exercício nº 11

ELABORAR PEQUENOS DISCURSOS DE IMPROVISO

- **Tempo de apresentação:**

    Máximo de 10 minutos

- **Elabore pequenos discursos de improviso, para as seguintes situações:**

    1. Você foi transferido para outra região do país e vai despedir-se dos colegas de trabalho.

    2. Você foi agraciado com uma medalha de mérito profissional. Agradeça.

    3. Você recebeu uma promoção. Diga como se sente.

    4. Seu chefe aposentou-se. Faça a sua despedida.

BIBLIOGRAFIA

BECHARA, Evanildo. Gramática Escolar da Língua Portuguesa. 1ª ed. Rio de Janeiro: Lucerna, 2003.

COELHO, Paulo. Na margem do Rio Piedra eu sentei e chorei. Rio de Janeiro: Rocco, 1994.

GOLD, Miriam. Redação Empresarial: escrevendo com sucesso na era da globalização. 3ª ed. São Paulo: Pearson Prentice-Hall, 2005.

HELLER, Robert. Como se comunicar bem: PUBLIFOLHA, 2003.

LEAL, José Carlos. A arte de falar em público. 3ª ed. Rio de Janeiro: Impetus, 2003.

MARCON, Leoclides. Falar em Público: desinibição, oratória, dicção. 4ª ed. Porto Alegre: CDP – Centro de Desenvolvimento Pessoal, 1999.

NETO, Fermino. Fale em público sem medo. Rio de Janeiro: Gryphus, 2000.

OSBORNE, John W. Aprenda a falar bem. E impulsione sua carreira. (Guia para executivo). São Paulo: Nobel, 1999.

POLITO, Reinaldo. Como falar corretamente e sem inibições. 87ª ed. São Paulo: Saraiva 2000.

STOCK, Fale sem medo: dicas práticas para apresentações de sucesso. Porto Alegre: AGE, 2002.

SANTOS, Ruy Telles dos. A fácil arte de falar em público. Rio de Janeiro: Ciência Moderna Ltda., 2003.

TEIXEIRA, Leonardo. Comunicação na empresa. 1ª ed. Rio de Janeiro: Editora FGV, 2007.

ORATÓRIA – A arte de falar em público. Série de cadernos – Comunicação: Senac - DF. 2007.

www.wikipedia.org

MISTO
Papel produzido a partir de fontes responsáveis
FSC® C172712
www.fsc.org

Tipografia: San Francisco Pro e Raleway
Papel: Offset 90g/m²
Impressão: Camacorp Visão gráfica LTDA